نخل گردانی

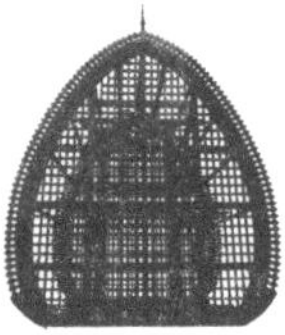

あいねイラン…2

ナフル巡行

殉教者の不滅のいのちの表象［ナフルギャルダーニー］

アリー・ボルークバーシー　著

小林　歩　訳

PAO CORPORATION

目次

نخل‌گردانی

نمایش تمثیلی از جاودانگی حیات شهیدان

علی بلوکباشی

تهران، دفتر پژوهشهای فرهنگی، ۱۳۸۰

چاپ دوم، ۱۳۸۳

凡例

◇ペルシア語、アラビア語、トルコ語のカナ表記は、「イスラーム」「メッカ」など人口に膾炙したと考えるものを除き、原則として、現代ペルシア語の発音に準拠しました。慣用表記と異なる表記になった語句に関しては、語句の後に〔 〕をつけて補うようにしました。一部、例外もあります。

◇年代表示は原則として原著に従い、適宜、西暦を補いました。

◇翻訳による補足は〔 〕に入れ、書籍等の名称には『 』を、引用は「 」を付しました。なお、（ ）［ ］は原著者によるものです。

◇原著での引用部分の表記には、直接引用であるか間接引用（要約）であるか判別できない箇所がありますが、どちらも「 」で括りました。

◇原著にある頌詞の略記「ع」「س」は省略しました。

◇章タイトル、見出しなどは、一部、編集部で補いました。

◇コーランの和訳は、中田考監修『日亜対訳クルアーン』2014、作品社に拠りました。

◇原著では参考・引用文献は後注の形で表示されています。そのまま巻末に付しました（一部修正箇所あり）。

◇日本語翻訳版オリジナルとして、巻頭に地図、巻末に索引を付しました。

◇原著の写真・図は一部のみ使用しました。写真の出所は巻末に記しています。

イラン全土 地図

本書に登場するナフル巡行関連の地名

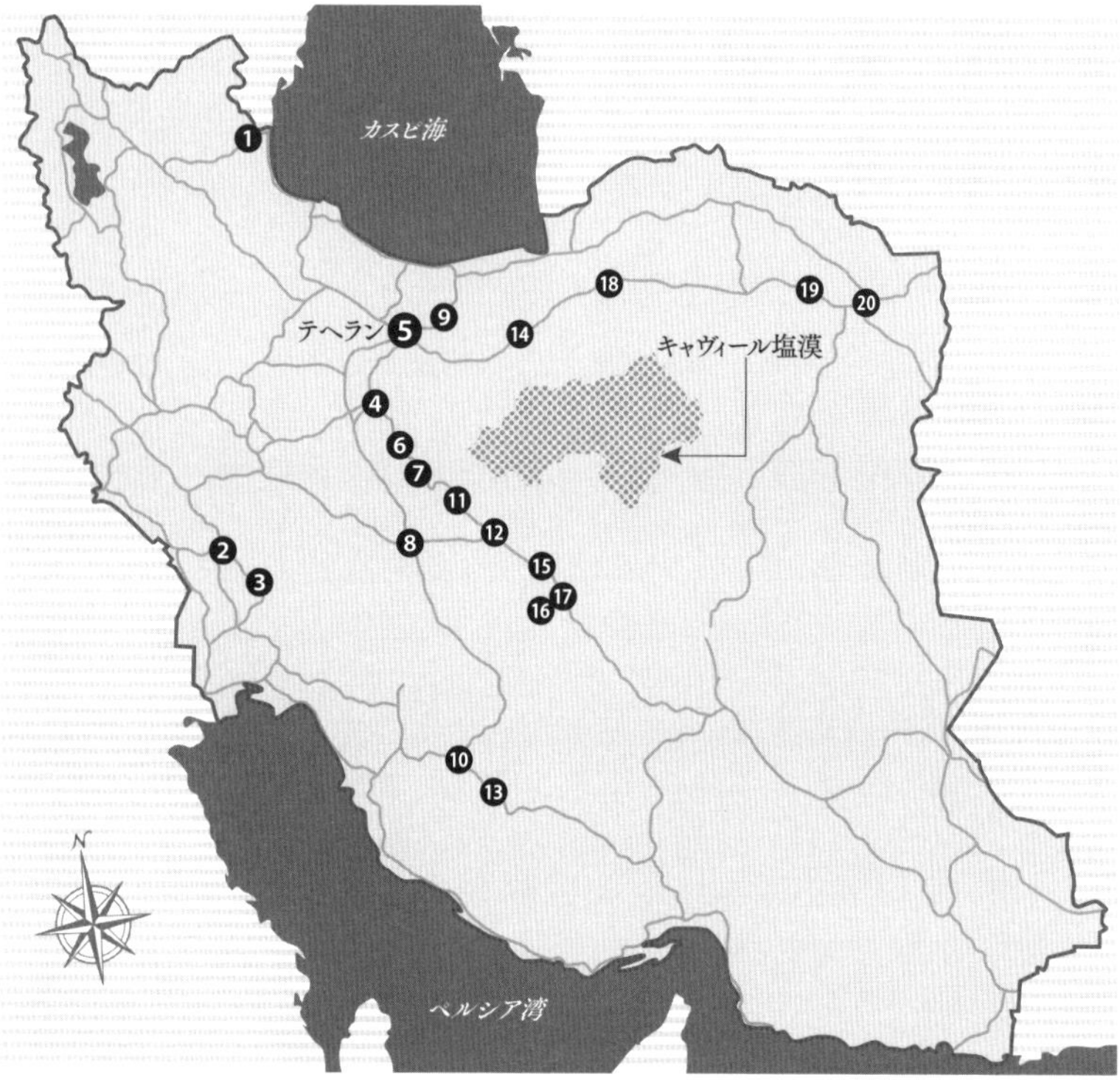

❶ アルダビール
❷ デズフール
❸ シューシュタル
❹ ゴム
❺ テヘラン
❻ カーシャーン
❼ アブヤーネ
❽ エスファハーン
❾ ダマーヴァンド
❿ シーラーズ
⓫ ザヴァーレ
⓬ ナーイーン
⓭ サルヴェスターン
⓮ セムナーン
⓯ メイボド
⓰ タフト
⓱ ヤズド
⓲ シャールード
⓳ ネイシャーブール
⓴ マシュハド

キャヴィール塩漠

タフトのシャーヴァリー広場における巨大ナフルのお練り

鏡による装飾を施されたナフルの練り回し。ヤズドのミールチャグマーグ広場にて

序　章

はじめに

پیش سخن

ひつぎ巡行儀礼をひもとく

世界各地のシーア派※訳注1の人びと、とりわけイランのシーア派信徒※訳注2たちは、その宗教的教義に基づく服喪日※訳注3に、儀礼として宗教劇を演じたり服喪の隊列を組んだりするが、その際に、マハッフェ輿《こし》、墓囲い《ザリーフ》、箱型墓※訳注4、ホウダジュ輿、アマーリー輿※訳注5、そしてナフル※訳注6といった類いの箱状や板状、あるいはより複雑な形の造形物を自分たちのあがめる殉教者のひつぎ《ターブート》に見立てて、飾り付けを施し、それを奉じて街中を練り歩く。

好奇心旺盛で探求心に富んだ人であれば、ひつぎ、あるいはひつぎに擬した祭具が服喪隊列で奉じられる様子を目にし、このような疑問をもつであろう。服喪の隊列によるナフルやひつぎの練り回しの風習とは、いったい何なのか。それにはどんな意味があるのか。このような儀礼はなぜ生まれたのか。大昔の出来事の名残だろうか。原初の神話に由来するものか、それとも、原始社会の人びとが行っていた儀礼的な行為の反復あるいは模倣なのであろうか。研究者やこの種の儀

※訳注1……ペルシア語では「シーエ」。イスラームの一宗派。預言者モハンマド（ムハンマド、632年没）の後継者争いの際、預言者の娘婿・従弟のアリーとその子孫のみがイスラーム共同体の指導者たりうると主張した集団を母体とし、アリーとその子孫を無謬の指導者（エマーム）として尊崇。全世界のイスラーム教徒の約1割。イラン、イラク南部、レバノン南部、イエメン、アゼルバイジャン、インド、パキスタンなどに分布。

※訳注2……イラン・イスラーム共和国はシーア派十二エマーム派を国教とし、人口の9割がシーア派。

※訳注3……殉教者の命日。十二エマーム派の教義で

礼を目の当たりにした者が考えを巡らすのは、たいていはこのような類いの疑問であろう。

ひつぎの練り回し、つまりナフル、アマーリー輿、ヘジュレ、シャビーフといったあらゆる形状のひつぎの巡行は、この種の宗教的行為・慣習の当事者である敬けんな信者たちにとっては、自分たちのありふれた日常の、ごく普通の営みの一部である。この儀礼は、そうした人びとの精神世界や理想とする世界においてこそ、その果たす役割が立ち現れるのであり、彼らを目には見えない糸によって彼ら自身の民族的・宗教的文化における聖なるものへと結びつけているのである。人びとは自分たちの担ぐひつぎに擬した物体の起源や、それがもつ象徴的意味合い、さらには、服喪の隊列が奉じて練り回す殉教者《シャビーフ》の似姿の来歴について、明確な知識をもっているわけではない。ほとんどの者たちは、各種のひつぎを模した祭具の巡行

は、12人のエマームのうち現在「お隠れ」中で将来救世主メフディーとして再臨するとされる12代目を除く全員が殉教者（シャヒード）とされ、特に3代目のエマーム・ホセインの命日にはさまざまな服喪儀礼が行われる。

※訳注4……ひつぎ型の箱を墓の上に設けた物。イスラーム教徒は土葬であり、イランでは、遺体が埋葬された場所の上に平らに石の墓碑を敷く形の墓が一般的。

※訳注5……輿は、2本の轅(ながえ)の上に板状もしくは箱状の輿を乗せ、その轅を人が肩に担ぐか、輿の前後に配した馬などの動物に取り付けるタイプ（写真上右：タフテラヴァーン、マハッフェなど）と、馬、ラクダ等の背に輿を乗せるタイプ（写真上左：キャジャーヴェ、ホウダジュ、マフメル、アマーリーなど）とに大別される。

※訳注6……第3章以降で詳述。

を、古くからの習わしであり先祖代々伝わる慣習の名残であると思っている。たとえば、「私たちのご先祖さんたちは、信仰に殉じた方々のお弔いのときに、その方のお姿に似せた物や肖像を作ったり、お棺のような物をこしらえたりして、それを毎年のご命日に服喪の隊列が練り回したんだ。だから、私たちもご先祖さんのやっていたとおりのことを、同じようにやっているんだ！」などと彼らは言う。この種の儀礼や慣習についての人びとの説明は、とかく大雑把で、過去の者から未来の者へと口づたえに伝わってきた聞きかじりの知識に基づいている。このように象徴性の高い行為について、一般の人びとは、皆に広く共有された論理や常識をもとに、古くから信じられ言い伝えられてきたもろもろの話をよりどころとして、説明づけるのである。とはいえ、殉教者のひつぎや似姿の巡行儀礼の起源や由来を古い習わしに求める彼らの論法も、ある程度は事実を知る上での一助となる。

宗教行為の暗示的で神秘的な様態や、宗教儀礼にシンボリックな道具立てを用いることには、特別の意味合いがある。それを、人びとの信じている教えとは異質な、宗教的思考の枠組みから外れた基準に基づいて理解し評価するのは、なかなかに難しいことである。したがって、ある社会の人びとの儀礼的・宗教的行為における象徴的造形物や似姿、擬似ひつぎの出現の理由は、その社会自体の宗教的文化の内部に、遠い昔の人びととの信仰の体系の中に、そして、伝説として語られてきた歴史やその社会の人びととの文化とない交ぜになっているもろもろの文化の中にこそ、求められるべきなのである。

本書では、服喪儀礼におけるひつぎ巡行の慣習について、その最も古い時代から現代に至るまで、5つの章に分けて解説し、分析する。第1章では、イスラーム期※訳注7以前とそれ以降のイランにおけるひつぎ練り回し儀礼の歴史をひもとく。第2章においては、信仰に殉じた者たちのひつぎに見立てて人びとが隊列を組んでお練りを行うさまざまなタイプのひつぎ類について、それに随伴する各種の宗教的旗じるしの類いとともに紹介する。第3章では、ナフルという言葉の語義、ペルシア語文化・文学におけるナフル関連の慣用表現、イスラーム期のイランにおけるナフルの飾り付けやお練りの慣習について解説する。第4章では、キリスト教徒とシーア派信徒のナフル巡行儀礼の歴史について論じる。第5章においては、キャヴィール塩漠※訳注8周縁部とテヘラン州のそれぞれの地理・文化圏にみられるナフル巡行の慣習を取り上げる。

「おわりに」においては、シーア派イスラーム教徒の社会におけるひつぎ巡行

※訳注7……預言者の没後、イスラーム教徒勢力はアラビア半島の外へと遠征し、642年にはサーサーン朝軍をイラン西部のナハーヴァンドでの戦闘にて撃破、サーサーン朝の滅亡によりイランはアラブ人の支配下に入り、イスラーム期に移行した。イスラーム期への移行はイラン史における一大転換点。

※訳注8……イラン高原の北を東西に走るアルボルズ山脈の南側に、東西900㎞、南北300㎞にわたって広がるキャヴィール平原のこと。キャヴィールの原義は塩の原野であることから、本書ではキャヴィール塩漠とよぶ。大部分はかつて湖の底であったとされ、真っ平。年間平均降水量が100㎜に満たず、人間の居住には適さない。

儀礼の役割・機能について、人類学的に分析し、その結果として筆者が導き出した結論を提示した。

ここでお断りすべき点が2つある。1つは、筆者はもともと、この本の主題や内容からして、より広い包括的概念である「ひつぎ巡行《ターブートギャルダーニー》」という語を本書のタイトルとしていた。『ナシュレ・ダーネシュ』誌に掲載された私の論文も同様の表題であった。しかしながら、《ひつぎ》という言葉は死を連想させ不快感を起こさせることから、この語を用いることは諦め、この本で大きく紙幅を割いて解説した「ナフル巡行《ナフルギャルダーニー》」を題名に据えることにした。

2つ目。周辺的な事柄ではあるがよりよい理解のためには紹介することが必要かつ有益である事項については、巻末の「補足」に入れた。そのような項目としては、マフメル巡行、ベイラグやアラム、アラーマト、トゥーグ、ジャリーデ、アラム・ナマド等々の各種の宗教的旗じるし、さまざまな宗教的祭具・道具、語彙・慣用表現、特殊な信仰、もろもろの意見・見解の引用・批判などがある。

最後に、〔文化〕研究所の人類学グループの識見すぐれた同僚であり、この本の巻末の参考文献一覧をまとめる労をとってくれたミトラー・ターへリーロトフィー女史に、心からの感謝の意を表したい。■

ザヴァーレの大ホセイニーエにおけるナフルの練り回し

第1章

イランにおける
ひつぎ巡行儀礼の歴史

پیشینه تابوت‌گردانی در ایران

1　イスラーム期以前

神話時代[※訳注9]・歴史時代

殉教者の似姿や殉教者のひつぎになぞらえた物体を作り、それを服喪の隊列が奉じて練り歩くという儀礼は、イラン文化において長い歴史をもつ。中でも際立って重要な例として、毎年スィヤーヴァシュ[※訳注10]の死を悼んでそのひつぎを練り回すという儀礼がある。古くからの伝承によれば、マー・ヴァラー・アンナフル〔マー・ワラー・アンナフル〕[※訳注11]の人びとはイスラーム初期の数世紀の間、穢《けが》れなき血を大地に流し非業の死を遂げたイラン神話の英雄スィヤーヴァシュの死を悼む毎年の儀礼において、スィヤーヴァシュの似姿を作り、それをアマーリー輿もしくはマフメル輿に乗せて、頭を打ち胸を叩き、挽歌をうたいながら街中を巡行したという。（補1）

アブーバクル・モハンマド・ナルシャヒー[※巻末参考文献1]は、ヘジュラ〔ヒジュラ〕太陰暦[※訳注12]3世

※訳注9……歴史学的に実在が証明されていない神話・伝説上の王朝の時代。創世からサーサーン朝滅亡までのイランの《列王紀略》であるフェルドウスィーの大叙事詩『王書（シャーナーメ）』（1010年完成）では、ピーシュダード、カヤーン、アシュカーン、サーサーンの四王朝の《歴史》が語られる。アシュカーン朝とサーサーン朝は歴史時代、ピーシュダード朝とカヤーン朝は神話時代に区分。

※訳注10……『王書』に登場する神話時代のカヤーン朝の王子。スィヤーヴォシュとも。

※訳注11……「アム川の向こうの地」。中央アジア西

紀〔西暦10世紀〕に著した『ボハーラー〔ブハラ〕史』※訳注13で、マー・ヴァラー・アンナフルの人びとのスィヤーヴァシュの命日における服喪儀礼の様子について次のように記している。「アフラースィヤーブ※訳注14は自分の娘婿を殺した。その者は名をスィヤーヴァシュといった」。さらにこのように付け加えている。「ボハーラーの人びとにはスィヤーヴァシュの殺害を悼む挽歌があり、どの地方でもつとに知られている」。「歌い手たちはそれを〝祭司たちの嘆き〟※訳注15とよんでおり、この話には3000年以上の歴史がある」。カーシュガリー※訳注16は、ヘジュラ太陰暦5世紀〔西暦11世紀〕の著作『テュルク諸語集成』※巻末参考文献2において、毎年のスィヤーヴァシュ殺害の命日にその墓前で行われる服喪儀礼について言及し、祭司たちは毎年、ボハーラー近くのルーイーン砦にあるスィヤーヴァシュが殺害され墓が設けられた場所に集まって、嘆き悲しみ、動物をいけにえとして捧げ、その血を墓にそそぐ、と記している。ナルシャヒー※巻末参考文献3は、いけにえはオンドリとして、「喪に服するボハーラーの人びとは、スィヤーヴァシュの墓にオンドリを持ってきて、ノウルーズ※訳注17の日の出とともにそれを屠った。」と述べている。※訳注18

　ロシアの考古学者であるグレゴワール・フルムキン※巻末参考文献4は、サマルガンド〔サマルカンド※訳注19〕から約70kmほどのザラーフシャーン川のほとり、パンジキャント〔パン

南部のオアシス地域を表わす歴史的呼称。イスラーム化（8世紀中頃）以前にイラン系のソグド人が都市文明を築くなど、元来はイラン文化圏に属した。

※訳注12……預言者のメッカからメディナへの聖遷（ヘジュラ）があった西暦622年を元年とするイスラーム世界の暦。月の運行を基にし、1年は354日あるいは355日。イランで用いられる暦はヘジュラを元年とするイラン太陽暦であるが、イスラーム関係の年中行事はこの太陰暦に基づく。

※訳注13……マー・ヴァラー・アンナフルの都市ボハーラー（現ウズベキスタン）について、943年にアラビア語で書かれた地方史。当時のボハーラーは、イラン系のサーマーン朝の首都。

※訳注14……『王書』で語られる、イーラーン（イラン）と敵対するトゥーラーンの英雄王。

スィヤーヴァシュのひつぎを巡行する場面。パンジキャントにある西暦7〜8世紀の壁画

※訳注15……ゾロアスター教の祭司マギ。

※訳注16……没年不詳。『テュルク諸語集成』は1072〜4年にかけてアラビア語で編纂。テュルク諸語の一般語彙のみならず、各地のテュルク系民族の生活、地名、人名、詩、諺、地図等も扱う。

※訳注17……「新しい日」つまり元旦の意。イラン太陽暦の第一月（ファルヴァルディーン月）朔日で、春分の日に該当。新年の訪れとともに春となり、暦と実際の季節の移り変わりが整合。ノウルーズを祝う風習はイランのみならず、アフガニスタン、中央アジア、カフカーズ地方などで広くみられる。

※訳注18……著者が典拠とした『ボハーラー史』の原文では、「男たちは各自オンドリを持ってきて、ノウルーズの日の出前にそれを屠る」とある。

※訳注19……イスラーム化以前からイラン系のソグド人による東西貿易の拠点で

トク・ガルエ出土納骨器に描かれた葬礼場面の線描画

ジキャンド）[※訳注20]に残されている西暦7～8世紀の壁画に関する説明の中で、スィヤーヴァシュ哀悼の場面について言及している。このスィヤーヴァシュ哀悼図は、この地方の美しい壁画の代表的一例であり、フルムキンの著作にはそのスケッチ画が掲載されている。その絵に描かれているのは、スィヤーヴァシュを象徴する像がアマーリー輿に乗せられている様子であり、哀悼者たちは嘆き悲しみ、おのれの頭や顔を打ちながら、輿の周囲に集まり、輿を担いでいる。（補2）スィヤーヴァシュと思しき像を納めたひつぎを運ぶ場面が表面に描かれた大きな木箱や、これとほぼ類似した絵が描かれた花瓶も存在している。箱はアム河の河口地帯の北端にあるトク・ガルエ[※訳注21]［トク・カラ］で、花瓶についてはマルヴ［メルヴ］[※訳注22]で、それぞれ発見されたものである。[※巻末参考文献5]

あり、マー・ヴァラー・アンナフルの中心都市として繁栄。現ウズベキスタン第二の都市。13世紀のモンゴル人の侵攻で破壊された当時の都城跡は「アフラースィヤーブの丘」の名で現在の市街地の北に残る。

※訳注20……ペンジケントとも。タジキスタン最西部の都市。ウズベキスタンのサマルカンド州と境を接している。現在の街の南にソグド人の都城遺跡がある。

※訳注21……ウズベキスタン共和国を構成する自治共和国カラカルパクスタンの遺跡。

※訳注22……トルクメニスタンのカラクム沙漠にある遺跡。13世紀にモンゴル人によって破壊されるまで、大ホラーサーン（現在のイランの北東部およびアフガニスタンとトルクメニスタンの一部をさす歴史的地域名）の中心都市として栄えた。

2 イスラーム期

初めの数世紀

似姿やひつぎの巡行がシーア派信徒の間に普及したのは、殉教者の死を悼む集いにシーア派の人びとが参集するようになり、信徒の長たるエマーム・アリー[※訳注23]やエマーム・ホセイン〔フサイン〕[※訳注24]の御廟を人びとが集団で詣でるようになったのと同時期であろう。ヘジュラ太陰暦5世紀初頭（西暦11世紀半ば）にシーア派信徒の間で特別な祭具が用いられた、との記録がある。エブネ・ジャヴズィー〔イブン・ジャウズィー〕[※訳注25]はその著『整然たる歴史』[※巻末参考文献6]において、ヘジュラ太陰暦425年〔西暦1033／4年〕の出来事を記述する中で、以下のように述べている。「バグダード[※訳注26]のカルフ地区[※訳注27]のシーア派信徒たちには、信徒の長[※訳注28]や殉教者の長の御廟を参詣[※訳注29]する際、飾り付けがなされ金細工が施されたマンジャニーグ[※訳注30]とよばれる造形物を奉じる習わしがあった」。このマンジャニーグはシーア派における象徴的ひつぎの最も

※訳注23……661年没。シーア派初代エマーム。預言者の従弟かつ娘婿。預言者の死後、イスラーム共同体の最高指導者カリフの4代目となるが、暗殺される。廟はイラクのナジャフ。

※訳注24……680年没。シーア派3代目エマーム。アリーの次男、母は預言者の娘。ウマイヤ家のムアーウィヤが息子ヤズィードにカリフ位を世襲させると、ホセインはこれを否認、父アリーの拠点であったクーフェ（クーファ。ナジャフ近郊の街）の人びとがウマイヤ家に対する反乱を企図した際、その招きに応じてメッカからクーフェに向かう途中、キャルバラー（カルバラー）の荒野でヤズィードの差し向けた軍勢により一

上…右から、アリー、アッバース、ホセイン

下…キャルバラーの悲劇の絵解きに用いられる絵。中央は愛馬ゾルジェナーフを駆って戦うホセイン、左はホセインが敵の矢に斃れた息子アリーアクバルを抱く様子。

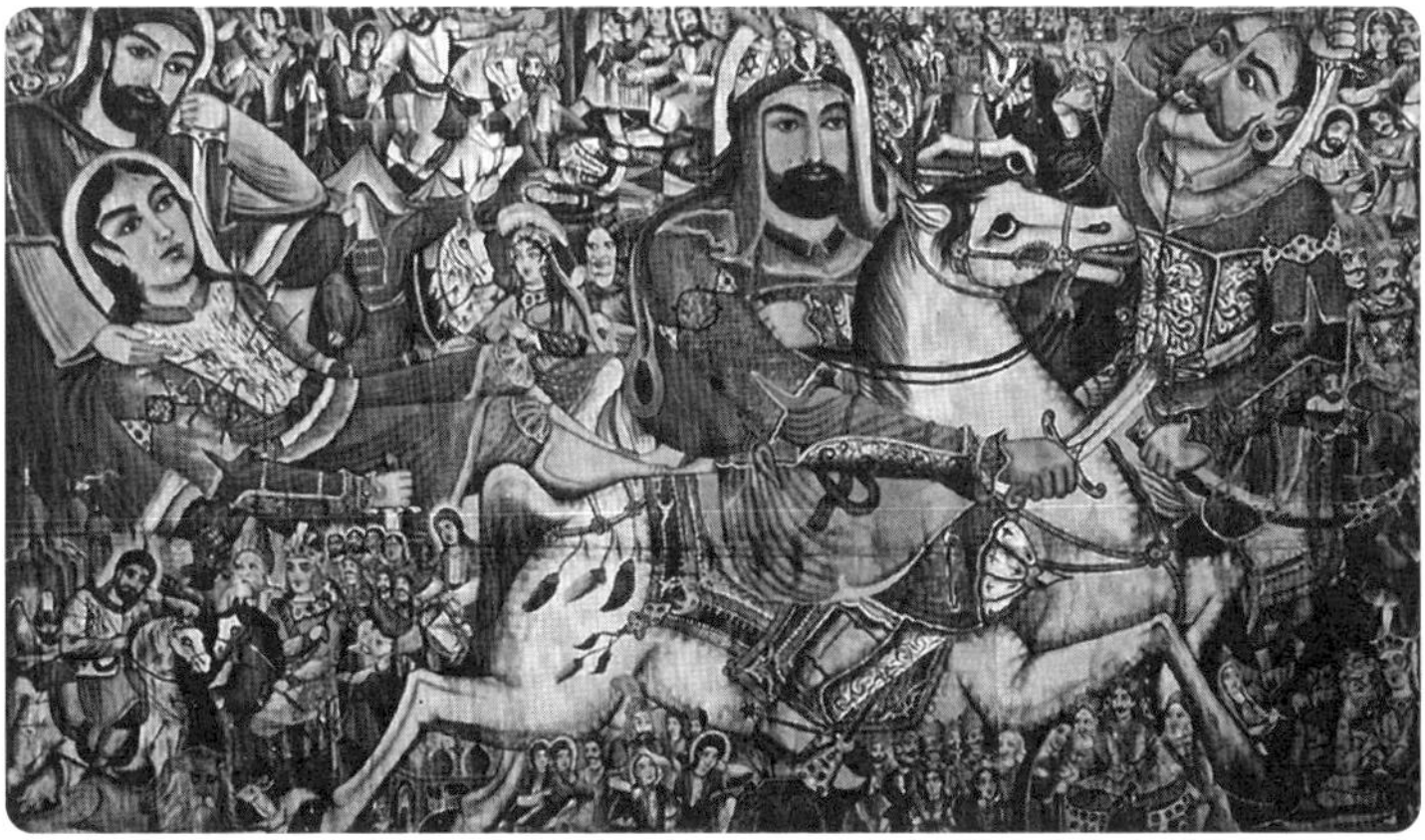

族郎党とともに殺害される。廟はキャルバラー。

※訳注25……1201年没。アッバース朝期のイスラーム法学者、歴史家。『整然たる歴史』は創世から1179年に至るまでの普遍史。

※訳注26……「神（バグ）が与えた（ダード）」意のペルシア語。当時はスンナ派のアッバース朝は存続していたが、シーア派を奉じるイラン系のブーヤ朝の支配下であったため公然とシーア派の儀礼が行われていた。

※訳注27……バグダードの南の城壁外に広がる地区。シーア派信徒が集住し、ブーヤ朝期にはシーア派の学問・信仰・政治的活動の重要な拠点であった。

※訳注28……ホセインの称号。

※訳注29……イスラームでは、教義上はアッラー以外の崇拝を厳格に禁じるが、実態としては民間レベルでい

古い例であり、エマーム・アリーとエマーム・ホセインのひつぎあるいは墓囲《ザリーフ》い※訳注31を表している。

エブネ・ジャヴズィーは、このシーア派信徒たちの象徴的ひつぎマンジャニーグがどのような形をしていて、なぜそれをエマーム・ホセイン廟の参詣団が用いたのかについては、何も説明していない。しかし、エスファハーンのスンナ派若衆にはモスアブ・エブネ・ゾバイル〔ムスアブ・イブン・ズバイル〕※訳注32の墓を詣でる際にこれと同じような造形物を運ぶという慣習があり、シーア派信徒たちのマンジャニーグを運ぶこの行為はそれを模倣したものである、としている。バグダードのカルフ地区のシーア派信徒たちのマンジャニーグは、どうやらイランのシーア派信徒が現在用いているナフルに類似した物であったようである。人びとはナフルを剣や盾や兜、鏡やランプや羽根など、さまざまな武器や照明器具で飾り立て、アーシューラー※訳注33の日の服喪行列の際にそれを奉じてそこここの地区を経巡るのである。(補3)

カルフ地区のシーア派信徒のマンジャニーグがこんにちのナフルにおおよそ類似した物であることは、フランスの考古学者・旅行者であるアンリ＝ルネ・ダルマー

ダマスカスにあるロガイエ廟の墓囲い。ロガイエはホセインの娘。

わゆる聖者信仰が観察される。シーア派では各エマームとその子孫（エマームザーデ）への崇敬が篤く、その墓廟は参詣地となっている。

※訳注30……攻城戦に用いる投石機や、起重機を意味するペルシア語。

※訳注31……聖廟内の墓をおおう囲い。金属製か木製の格子柵で、参詣者はこの柵に取りすがり、墓の主を仲介に神の祝福／御利益を求める。

※訳注32……691年没。預言者のいとこズバイル・イブン・アウワームの子で、反ウマイヤ朝内乱期にメッカでカリフを僭称したアブドゥッラー・イブン・ズバイルの弟。バスラ総督時にムフタールの乱（親アリー派の反乱）を鎮圧。

※訳注33……ホセインの命日であるヘジュラ太陰暦モハッラム月10日。

ニュ※訳注34による、その何百年も後のネイシャーブール※訳注35のナフルに関する叙述によって確認できる。20世紀の初めにイランの地を訪れたダルマーニュは、ネイシャーブールの公共広場《メイダーン》※訳注36に置かれていたネイシャーブールの人びとが用いるナフルを目にし、それを「一種のマンジャニーグ」であり「器械体操の器具のような」物であると説明し、「マンジャニーグは神聖な器具である。人びとはアーシューラーの日にこれを絹の布で飾り、仰々しい儀礼とともに街中を練り回す。」※巻末参考文献7と述べている。また、その説明の中で以下のようにも付け加えている。「このマンジャニーグは彩色がなされ、薄いリボンで覆われていた。その内部には、チューリップの形をしたものなどさまざまな照明器具が見えた」。ダルマーニュの著書には覆いや装飾のない状態のナフルの写真が掲載されている。※巻末参考文献8ダルマーニュの本のペルシア語訳の、その写真の説明書きには「アーシューラーの日に街中を練り回されるナフルの一種」とあるが、どうやらこれはネイシャーブールの広場にあったナフルの写真ではなさそうだ！

ダルマーニュの旅行記のペルシア語訳に掲載されたナフルの写真

※訳注34……Henry-René d'Allemagne（1950年没）。フランスの国立図書館の司書。玩具、日用品、装飾品等々の蒐集家。1899年と1907年にガージャール朝期のイランを訪れた。

※訳注35……イランの北東部、ホラーサーネ・ラザヴィー州の街。イラン高原と中央アジアを結ぶ交易拠点として栄え、9世紀に興ったターヘル朝の首都であったが、13世紀前半のモンゴル人による破壊で衰退。

※訳注36……現代ペルシア語では「開けた場所」の意。複数の街路が交差するロータリー、スポーツ競技の開催場所、市（いち）が立つ場所、時にはデモ隊の集会場所や市街戦の現場など、利用の様態はさまざま。

サファヴィー朝※訳注37

サファヴィー朝期以降にイランの地を訪れた外国人旅行家は、服喪隊列による似姿の巡行や、ひつぎの形をした箱や墓囲いやアマーリー輿の練り歩き儀礼を目の当たりにし、その様子を自らの旅行記のところどころに記録した最初の者たちであった。似姿を作り、ひつぎを巡行する儀礼のこの時代における様相をよりよく理解できるよう、彼らの報告をいくつか紹介する。

ピエトロ・デッラ・ヴァッレ※訳注38は、アッバース一世の治世（ヘジュラ太陰暦996年〜1038年〔西暦1587年〜1629年〕）に首都エスファハーン※訳注39において2度にわたって服喪行列の様子を目にしたイタリア人旅行家である。彼はヘジュラ太陰暦1026年ラマザーン月21日〔西暦1617年9月22日〕のエマーム・アリーの殉教を悼む服喪儀礼について記述する中で、ひつぎを運ぶ儀礼について触れ、以下のように述べている。※巻末参考文献9 服喪の一行は、いくつもの旗じるしに続き、

　黒いビロードで覆われたひつぎを担いでいた。それらひつぎには、さまざまな武器や護身具、色とりどりの羽根が

※訳注37……1501〜1736年。神秘主義教団であるサファヴィー教団の教主が樹立。首都はタブリーズ、後にガズヴィーン、エスファハーン。シーア派十二エマーム派が国教とされ、民衆のシーア派改宗が進んだ。

※訳注38……Pietro Della Valle（1652年没）。ルネサンス期のローマに生まれ、1618年にアッバース1世に謁見、首都エスファハーンに3年間滞在した。

※訳注39……イラン中部のエスファハーン州の州都。サファヴィー朝中興の祖アッバース1世の治世に首都となり、「エスファハーンは世界の半分」と形容されるほど繁栄。

置かれ、それを取り巻くようにして大勢の人たちが歩き、挽歌をうたっていた。警笛やラッパやシンバルを打ち鳴らす者たちもおり、彼らはものすごい叫び声をあげては飛び跳ねていた。

デッラ・ヴァッレはそれらをエマーム・アリーのひつぎを象徴的に表した物であると考えている。

その同じ著者が、今度はヘジュラ太陰暦1027年のアーシューラーの日〔西暦1618年1月7日〕の服喪儀礼について描写する中で、服喪の一団がひつぎを奉じる様子について言及し、以下のように述べている。※巻末参考文献10

それらひつぎは黒いビロードで覆われており、それぞれの上に緑色のターバン※訳注40と剣が置かれ、周りには武具が吊り下げられている。数名の者がこうした品々の盆を頭に載せ、シンバルや葦笛の音に合わせて、飛び跳ねたりくるくる回ったりしていた。

※訳注40……ペルシア語ではアンマーメ。長い布を装飾的に巻いて帽子状に形作った物。着用する際は、縁なし帽の上に重ねて被る。緑色は、預言者の子孫を象徴する色。

ドイツ皇帝※訳注41がイランに遣わした使節団の書記であったオレアリウス※訳注42もまた、サファヴィー朝のシャー・サフィーの治世（ヘジュラ太陰暦1038年から1052年〔西暦1629年〜42年〕）に当たるヘジュラ太陰暦1047年の信徒の長〔エマーム・アリー〕殺害の忌日〔西暦1638年2月6日〕に、アルダビール※訳注43の人びとの壮麗な服喪儀礼を目撃し、その様子を以下のように記している※巻末参考文献11。説教師が居並ぶ人びとを前にマグタルナーメ※訳注44を朗詠したのち、

人びとは黒い布地で覆われた3つのひつぎを円を描くように回した。

それらのひつぎをオレアリウスはどうやら「ハズラテ・アリー※訳注45とその2人の息子、エマーム・ハサン※訳注46とエマーム・ホセインのひつぎを表した物」だと考えたようである。さらに、アルダビールの人びとが信徒の長〔エマーム・アリー〕の殉教日に行う服喪儀礼における「ナフル巡行」についても言及しており、ナフルについて、丸い塔の形をした木製の造形物であると説明し、このように述べている。

※訳注41……シュレースヴィヒ＝ホルシュタイン＝ゴットルプ公であるフレゼリク3世。現在のデンマーク南端およびドイツ北端を統治。

※訳注42……Adam Olearius（1671年没）。フレゼリク3世の宮廷数学者・司書。ロシアおよびサファヴィー朝イランとの交易のための使節に書記として同行、1637年にエスファハーンでシャーに謁見。帰国後、サアディーの『薔薇園』詩集をドイツ語に訳すなど、ペルシア語文学を西欧に紹介。モンテスキューの『ペルシア人の手紙』は、彼の旅行記のフランス語訳を参考にした。

※訳注43……イラン北西部のアルダビール州の州都。サファヴィー朝の母体となったサファヴィー教団の開祖、サフィーオッディーンの廟とその関連建造物群（ユネスコ世界遺産）がある。

※訳注44……マグタル（殺害・殉教の地、あるいは殉

ナフルには4振りの剣が突き刺さっているが、装飾品が数多く取り付けられているせいで、その剣はよく見えない。

また、服喪についての描写に続いて、このように付け加える。

他にも数人の者たちが頭の上に箱を乗せて運んでいた。その箱は鳥の［羽根の］束や色とりどりのリボンや花などで飾られており、内部にはクルアーン※訳注47が開いた状態で置かれているらしい。箱を頭に乗せた者たちは、シンバルや笛や軍楽用太鼓の悲しげな旋律に合わせて飛んだり跳ねたりしていた。長い木の棒を手にした若者たちがいくつかの集団に分かれ、それぞれ輪になると、輪の外側に向かって飛び跳ねていた。彼らは互いの肩をつかみ、その中の一人が「ヘイダル※訳注48、ヘイダル、ハサン、ホセイン」と唱えると、他の者もそれに和して同じ言葉を唱えた。人びとはこのような儀礼を行いながら、再び街へと戻って行った。

教自体）とナーメ（書物）から成る語。シーア派エマームなどの殉教に至る経緯を叙述した書物の総称。ホセインの殉教譚が最も有名。

※訳注45……エマーム・アリーのこと。ハズラトは尊称（原義は「御前」）で、名前が後ろに来るとハズラテとなる。

※訳注46……70年頃没。シーア派2代目エマーム。アリーの長男であり、ホセインの兄。シーア派では、政敵であるウマイヤ朝カリフ・ムアーウィヤの差し金により毒殺されたとされる。

※訳注47……イスラームの聖典であり、唯一神が自らの言葉を預言者モハンマドに啓示として下したものとされる。ペルシア語ではゴルアーン。

※訳注48……アリーの異名。ライオンの意。

タヴェルニエ[※訳注49]は、ヘジュラ太陰暦1078年のアーシューラーの日〔西暦1667年7月2日〕にエスファハーンのナグシェ・ジャハーン広場[※訳注50]においてサファヴィー朝のシャー・ソレイマーン[※訳注51]（在位ヘジュラ太陰暦1077年〜1105年〔西暦1666年〜94年〕）の御前で披露された服喪隊列の様子について語る中で、このように記している。[※巻末参考文献12]

エスファハーンの12か所の街区からの12組の隊列が、アラムやコタルといった旗じるし、アマーリー輿などの服喪儀礼専用の祭具を携えてナグシェ・ジャハーン広場に集結していた。隊列にはそれぞれアマーリー輿が1台あり、それを8人から10人で運んでいた。輿の棒にはさまざまな草花が描かれていた。内部にはひつぎが安置されており、そのひつぎは金糸の布で覆われていた。

1840年のナグシェ・ジャハーン広場

※訳注49……Jean-Baptiste Tavernier（1689年没）。フランスの旅行家・宝石商で、インド交易のパイオニア。1630〜68年に6回にわたってサファヴィー朝期のイランやインドに赴き、パトロンであったフランスのルイ14世の要請を受けて旅行記を上梓した。

※訳注50……アッバース一世により新首都エスファハーンの中心部に建設。現名称はエマーム広場。550m×180mの長方形で、周囲にはシャーのモスク（現在はエマーム・モスク）、シェイフ・ロトフォッラー・モスク、王の居住区域の入口アーリー・ガープー門、大バーザールの入口が配されている。閲兵式、ポロ競技、弓比べ、公開処刑などが行われた。ユネスコの世界遺産（文化遺産）。

※訳注51……サファヴィー朝第8代シャー。

※訳注52……ウマイヤ朝第2代カリフ（在位680〜683年）。反対派を弾

遺骸に扮した子どもが中で横たわっている輿もあった。

タヴェルニエはそのような子どもたちのことを、エマーム・ホセインの2人の子になぞらえたものだと誤解し、ヤズィード※訳注52によって殺された子どもたちだと記している（補4）。

それぞれの隊列の前方では、1頭※訳注53の替え馬《コタル》が引かれていた。馬には鞍などの馬具が装着され、弓矢、剣、短剣が吊り下げられていた。シャーの御座所から100歩ほどの場所まで来ると、轡《くつわ》取りたちが馬を疾駆させ、隊列は輿とともに馬のあとを走って追いかけた。この馬は、殉教者たちが戦いの場へと赴く際に騎乗した馬を象徴している。隊列はそれぞれ2、3度、広場を周回すると、広場の一角に陣取った。輿の担ぎ手たちは、輿を囲んで挽歌をうたい、哭泣《こっきゅう》した。広場での服喪儀礼が終わると、隊列は輿を奉じてエスファハーンの街中を練り歩いた。

圧し、ホセイン一党もキャルバラーの戦いにおいて殺害したヤズィードは、シーア派にとっては不倶戴天の仇敵。ホセイン殉教の服喪儀礼（殉教語り、受難劇）においては悪逆非道の人物とされる。

※訳注53……タヴェルニエの原著およびペルシア語訳では「3頭」とある。

ザンド朝期[※訳注54]とガージャール朝期[※訳注55]

ヘジュラ太陰暦1163年〔西暦1750年〕、すなわち、ザンド朝のキャリーム・ハーンの即位[※訳注56]のときから始まるこの時代には、数多くの旅行家がイランを訪れ、イランのあちこちの街を目にしている。そうした旅行家たちの多くは、イラン人の風俗・習慣について記述するとともに、人びとの宗教的慣習についても報告しており、ひつぎや似姿の巡行儀礼にも言及している。例として、ここでは旅行家たちによる報告をいくつか紹介することで良しとしたい。

ザンド朝末期の西暦1786年から1787年、すなわちヘジュラ太陰暦1200年から1202年にかけて、インドのコルカタ〔カルカッタ〕[※訳注57]からイランの地を訪れた東洋学者でイギリス軍将校のウィリアム・フランクリン[※訳注58]は、シーラーズ[※訳注59]におけるモハッラム〔ムハッラム〕[※訳注60]月の服喪儀礼(補5)について、以下のように報告している。[※巻末参考文献13]

アーシューラーの日、人びとは血を塗りたくった殉教者たちのひつぎを携えていた。ひつぎの上には、剣と、サギの羽

※訳注54……1751~94年。群雄割拠の状態にあったイラン高原のほぼ全域をキャリーム・ハーン・ザンドが統一。キャリーム・ハーンは善政で知られた。首都はシーラーズ。

※訳注55……1796~1925年。キャリーム・ハーン死後の政治的混乱を制したガージャール族の首長アーガー・モハンマド・ハーンが創始。ガージャール族の故地に近い、アルボルズ山脈南麓の街テヘランを首都とした。英国とロシアによる半植民地化、立憲革命など、内憂外患の時代。

※訳注56……キャリーム・ハーンは「シャー(王)」はサファヴィー朝王家のみとして、「ヴァキール(代理人)」の称号を用いた。

※訳注57……インドの西ベンガル州の州都。17世紀末に英国東インド会社の商館の所在地として築かれた都市。

※訳注58……William Franklin(1839年没)。英国東イン

根で飾られた殉教者のターバンが置かれていた。儀礼が終わると、服喪の隊列はひつぎを特別な作法にのっとって埋葬した。(補6)

ジェイムズ・モーリア※訳注61は、1回目は1808年から1809年(ヘジュラ太陰暦1223年から1224年)、2回目は1810年から1815年(ヘジュラ太陰暦1225年から1230年)に、ファトフアリー・シャー※訳注62の時代のイランを旅行し、テヘランの街におけるイランのシーア派信徒とインド人シーア派信徒の集団による服喪儀礼や、テヘランの人びとの催すタアズィーエハーニーもしくはシャビーフハーニーとよばれる殉教劇※訳注63についての報告を残している。最初の旅行記※巻末参考文献14では、モハッラム月8日のインド人による服喪儀礼について記す中で、以下のよ

1894年、ナーイェボッサルタネのタキーエでの殉教劇の様子

ド会社の陸軍軍人としてインドに長期駐在、1786年にはイランのシーラーズで8カ月間イラン人家庭に滞在し、1788年に旅行記を上梓。

※訳注59……イラン南西部のファールス州の州都。ザンド朝の首都。キャリーム・ハーンの称号ヴァキールの名を冠したバーザール、モスク、公衆浴場は「イラン国民の遺産」に登録されている。

※訳注60……ヘジュラ太陰暦の1月。ホセインの殉教日がモハッラム月10日であることから、シーア派にとっての服喪月とされる。

※訳注61……James Morier(1849年没)。英国の外交官として計6年イランに滞在した経験を元に小説を執筆。岡崎正孝・高橋和夫・江浦公治訳『ハジババの冒険1・2』、平凡社東洋文庫、1984年。

※訳注62……ガージャール朝第2代シャー(在位1797〜1834年)。

うに述べている。

劇の上演の場には、飾り付けがなされた小さい墓囲いが置かれており、その内部にはエマームの墓が皆に見えるように安置されていた。

2番目の旅行記[※巻末参考文献15]においては、アーシューラーの儀礼の様子についての記述の中で、人びとが「預言者の墓」（おそらくは、エマーム・ホセインの墓を象徴したものであろう）とよぶ、ひつぎを模したマフメル輿あるいは宝石で装飾された墓囲いについて触れ、このように述べている。

このカシミアのショールで覆われた墓囲いは、アーシューラーの日の服喪隊列において8人の男の肩に担がれていた。墓囲い上部の先端にはターバンがあり、これは預言者のターバン（おそらくは、エマーム・ホセインのターバンであろう）を表したものである。

※訳注63……ガージャール朝期に盛んになった殉教物語の演劇。素人村芝居から、シャー主催の大々的な舞台演劇まで、多岐にわたる。パフラヴィー朝期（1925～79年）には服喪儀礼全般が規制されたが、1970年代にはキリスト受難劇に比肩しうる伝統演劇として再評価がなされ、「シーラーズ芸術祭（王妃の肝煎りで1967年から11年間続いた国際芸術祭）」で上演、1976年の同芸術祭ではタアズィーエ国際シンポジウムが開催された。

ナーセロッディーン・シャー※訳注64期のヘジュラ太陰暦1277年モハッラム月（西暦1860年7月～8月）にテヘランでタアズィーエを見物したハインリヒ・ブルグシュ※訳注65は、その殉教劇について説明する中で墓に似た形状の造形物について触れ、このように記している。※巻末参考文献16 服喪儀礼は、「宮殿※訳注66の園地《バーグ》の、シャーがタアズィーエをご覧になる御座所の近くの」広い空間で行われていた。招待客たちは大天幕の中に座って、儀礼を見守っていた。まず、筋骨隆々たる男たちがアラーマトやアラムなどの旗じるしを持って広場に現れ、

その後、四角いものを担いだ8人の男が広場に入ってきた。その四角いものの上には墓のような物［ひつぎの一種か、箱型墓のこと］が造作されていた。彼らの話では、これはイスラームの偉大な預言者の墓を表したものだという。墓には何枚ものカシミアのショールが被せられており、その上には燭台が1つ置かれ、樟脳のロウソクがいくつも灯されていた。墓の両側では別の2人の男が大小の旗じるしを掲げて行進していた。

※訳注64……ガージャール朝第4代シャー（在位1848～96年）。その治世はモハッラムの服喪儀礼の最盛期とされる。シャーの命により殉教劇専用の劇場（タキーエ）が作られ、国内の有力者に加えて外国からの大使等を招いての上演が行われた。

※訳注65……Heinrich Karl Brugsch（1894年没）。プロイセンのエジプト学者。1860年にドイツ関税同盟の外交使節団の一員としてイランに派遣され、1862～3年に旅行記を出版。1885年にも公使館通訳としてイランを訪問している。

※訳注66……ナーセロッディーン・シャーが、アルボルズ山脈南麓の王室の避暑地ニヤーヴァラーン園地内に建設させたサーヘブガラニーエ宮殿のこと。ブルグシュは招待を受けた大使に随行し、同園地内のタキーエで殉教劇を見物した。このタキーエはテヘラン最古のタキーエとして現存。

現代

こんにちにあっても昔ながらの形で、モハッラム月の初めの10日間※訳注67や、サファル月の終わりの10日間、とりわけエマーム・ホセインの四十日忌であるアルバイーンの日（サファル月20日※訳注68）、さらに一部の都市では預言者モハンマドの命日でありエマーム・ハサン殉教の日でもあるサファル月28日や、信徒の長アリーが殺害されたラマザーン月21日※訳注69にも、服喪の隊列が胸を叩いたり鎖をわが身に打ちつけたり※訳注70しながら街中に繰り出し、それぞれの都市・地方の文化的伝統にのっとって、ベイラグ（補7）、アラム（補8）、アラーマト（補9）、トゥーグ（補10）、ジャリーデ（補11）といった宗教的旗じるしや、ひつぎ状の箱や墓囲いを奉じて練り歩く。その隊列が掲げる旗じるしやひつぎの類いの数・大きさ・装飾いかんで、隊列の華麗さ壮大さは変わってくる。

立憲制期※訳注71の初めのころ、テヘラン各街区の隊列は、服喪期間中の夜に宗教的な

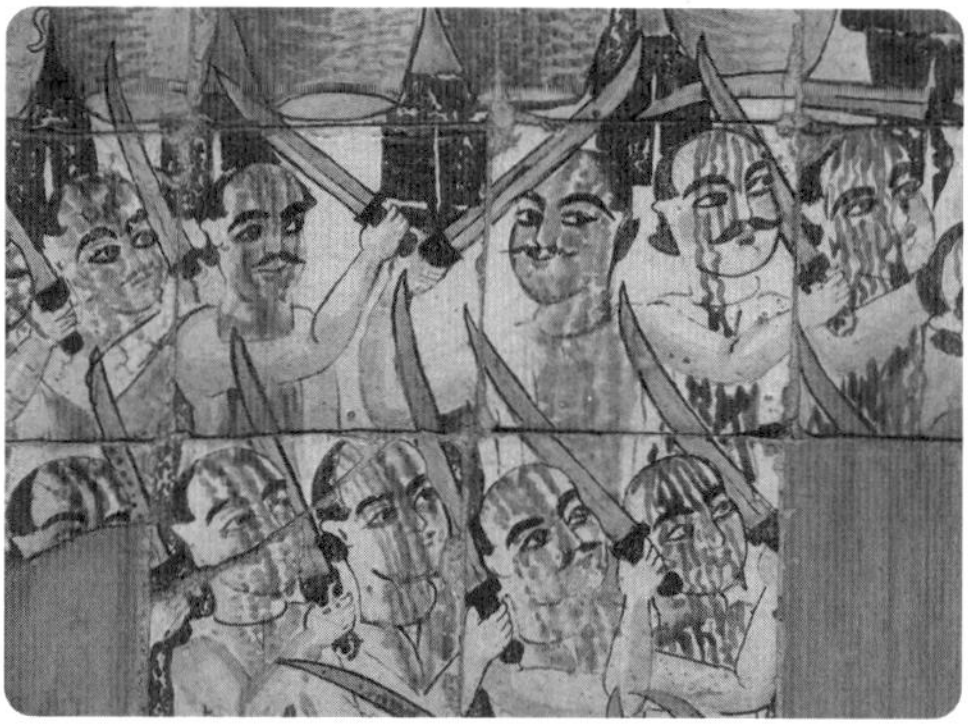

ケルマーンシャーの街のモアーヴェノルモルクのタキーエにあるタイル画に見える自傷儀礼の様子。ガージャール朝期

※訳注67……ホセインの殉教日はモハッラム月10日で、アーシューラーとよばれる。イランではアーシューラーとその前日（9日）のタースーアーは国民の休日。

※訳注68……ヘジュラ太陰暦の2月であるサファル月の20日。ホセインの殉教日から40日目に当たるこの日の服喪儀礼が終わると、長かった喪の期間が明ける。イランでは国民の休日。

※訳注69……アリーの殉教日であり、イランでは国民の休日。ラマザーン月はヘジュラ太陰暦の9月。

※訳注70……服喪の隊列で男たちが掛け声や独特の節回しに合わせて一斉に、手で胸を叩いたり、束になった鎖に持ち手をつけた専用の道具で背中を打ったりして、キャルバラーの戦いにおける殉教者たちの肉体的苦痛を追体験する行為。剣で頭に傷をつける儀礼もある（政府は禁止している）。

各種のアラム、トゥーグ、ベイラグの線描画

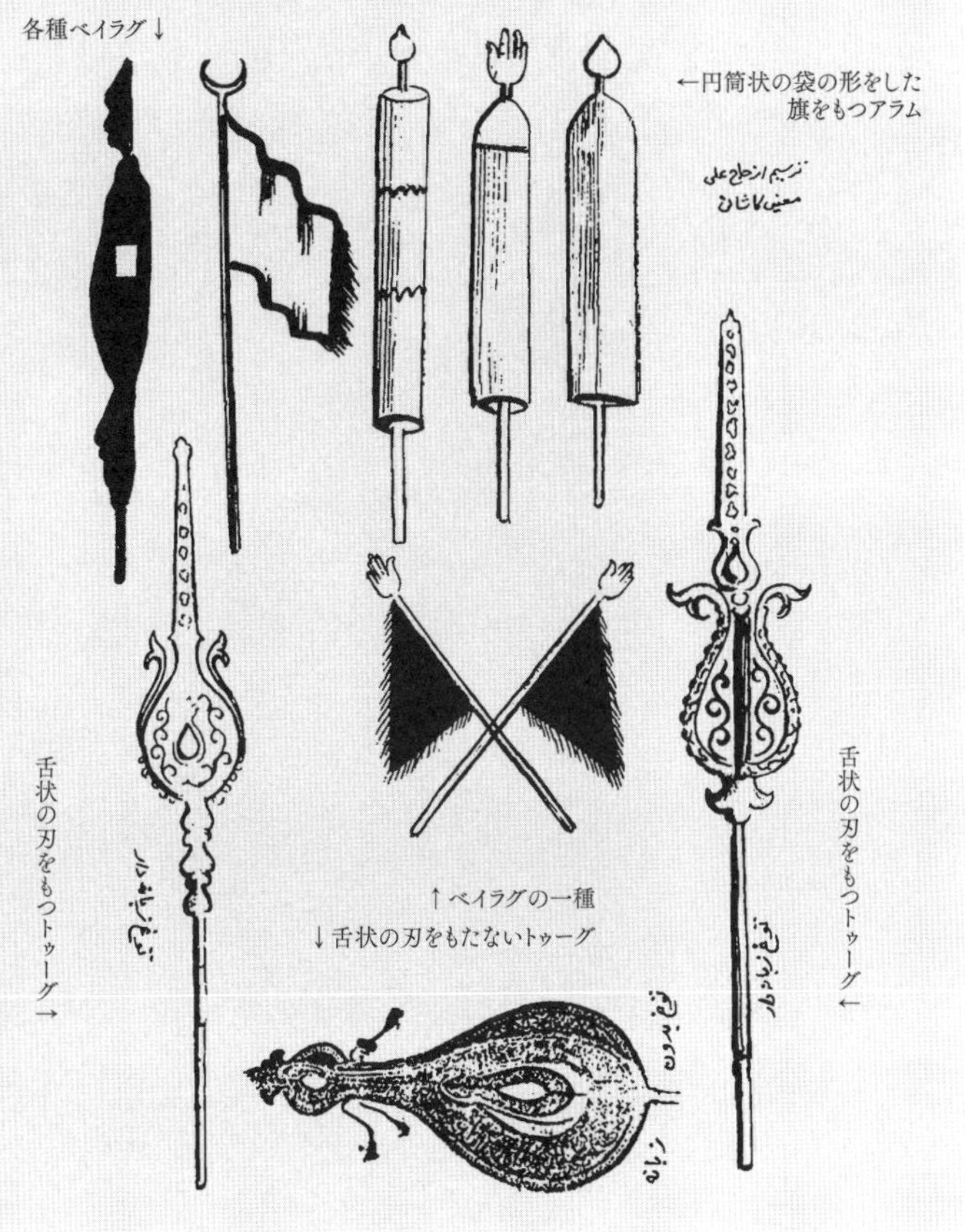

※訳注71……立憲革命期。広義には、イラン史上初の議会が開設され、最初の憲法が制定された1906年以降の時期を一括して称する。狭義には立憲運動が開始された1905年末から第二議会がロシアの強圧により解散に追い込まれた1911年末までの時期をいう。

上…ザンジャーンの街での胸打ち儀礼
左…ザヴァーレの街での鎖打ち儀礼

旗じるしであるベイラグ、アラム、アラーマトをかかげ、灯火や花やバラ水※訳注72の載った盆を持ち、かがり火やカンテラを手にして、互いの街区を訪れ、交誼を厚くしたものであった。隊列の者たちが旧交を温める間、街区の人びとは客人である隊列がかかげ持ってきたアラーマトに花を撒き、客人たちの頭や顔にバラ水を振りかけ、一行をその街区の人々のたまり場《パートゥーグ》であるタキーエ※訳注73へといざなった。タキーエでは、舞台を見おろす桟敷席にその街区の名士やルーティーあるいは「ダーシュ・マシュディー」※訳注74とよばれる義侠の徒が居並ぶ中、双方の街区の若者たち、いわゆる「チョガーレ・マシュディー」※訳注75とよばれる者たちが、共に胸を打ち、哀悼歌を吟唱した。最後に客人の隊列が帰って行くときには、迎え入れた側の者たちは街区の境界まで一行を見送った。

隊列の中で、アラーマトやアラムを持ち、あるいはひつぎ状の物やナフルを練

テヘランのニヤーヴァラーンのタキーエ

※訳注72……バラの精油の製造過程でできるバラの香りが付いた水。服喪儀礼の際に、ゴラーブパーシュ（バラ水撒き）という専用の容器で参加者に振りかける。バラはイランの国花で、「花（ゴル）」といえばバラをさす。バラ水は菓子作りにも用いる。

※訳注73……通常は殉教劇などの宗教儀礼が執り行われる場所のことで、中央に円形か方形の高台が設えられてある。常設の場合もあれば、臨時設営の場合もある。

※訳注74……「ダーシュ」は兄弟、「マシュディー」は「マシュハド（イラン北東部にあるイラン第二の都市）のシーア派第8代エマーム・レザーの廟の参詣を果たした者」が原義で、尊称の一種であるが、仁義に篤い義侠の徒の謂いとして用いられる。

※訳注75……「チョガーレ」はまだ熟していなくて青い果物のこと。青二才。

り回すのは、その街区のパフラヴァーンや豪の者たち、つまり、いわゆる「ダーシュ・マシュディー」たちや力自慢の者たちであった。※訳注76 いくつもの刃をもつ大アラーマトやひつぎを模した物の重さたるや尋常ではなく、そうした豪の者たちのみが、殉教者たちの長にして男気を極めたエマーム・ホセインをしたう熱い想いに力を得て初めて、なんとか持ち運べるようなものであった。

隊列と隊列が遭遇したときは、相手方への敬意を示すため、それぞれの隊列のアラーマトの旗手が自分のかかげるアラーマトを用いた挨拶を行った。つまり、アラーマトを動かして、アラーマトの中央の刃を〔おじぎをするように〕前に湾曲させ、起き上がらせるのである。

今なお、宗教的な隊列巡行においては、こうした昔ながらのやり方が踏襲されており、胸を叩き鎖で身を打つ街区ごとの人びとの隊列が、さまざまな旗じるしを奉じて互いの街区を訪問し合う。もろもろの祭具を一式携えた隊列が自分たちの街区から街のバーザールまでの間を往復する場合もある。■

※訳注76……尊称の一種。元来は、屈強さで勇名をはせたパルティア（パールト）人に由来する言葉で、直向きで力強く、勇敢で体躯の大きい男の意。ロスタムなど神話上の英雄もいれば、ゴラームレザー・タフティー（レスリングの五輪メダリスト）など実在の人物も含まれる。ガージャール朝期に隆盛を誇ったズールハーネ（力技道場）の常連や、当時の都市社会に普遍的にみられたルーティー（任侠無頼の徒）にも、パフラヴァーンとよばれた者たちがいた。

第 2 章　信仰の対象としての象徴的ひつぎ

تابوت‌واره‌های مذهبی

ひつぎを模した物、さまざま――1

タアズィーエ

タアズィーエという言葉は、イランのシーア派信徒の間でも、メソポタミア※訳注77やインド亜大陸やアフガニスタンに暮らすシーア派イスラーム教徒※訳注78にとっても、多種多様な意味内容をもっている。すなわち、この言葉の広義の意味合いとしては、服喪・哀悼、エマームたちの殉教を悼む服喪集会や、殉教語り《ロウゼハーニー》※訳注79あるいは哀悼歌吟唱《ノウヘサラーイー》の集会、とりわけエマーム・ホセインの殉教の様子を吟唱するノウヘの集会、身内に不幸があった人と悲しみを分かち合うことなどがある。

タアズィーエという語の狭義の意味内容の一つとして、エマームたちの受難・殉教、とりわけキャルバラーでの出来事におけるエマーム・ホセインとその支持者たちの殉教という、歴史的・宗教的な出来事を演じること、がある。そしてもう一つ、殉教者たちやエマーム・ホセインのひつぎや墓、墓囲いを模した物をさすこともある。

※訳注77……チグリス河とユーフラテス河の流域地方のこと。現在のイラク。イラクは人口の6割前後がシーア派信徒。シーア派エマームゆかりの四大聖地、すなわちアリー廟のあるナジャフ、ホセイン廟のあるキャルバラー、7代目ムーサーと9代目モハンマドタギーの廟のあるカーゼマイン、12代目メフディーの「お隠れ」の地であるサーマッラーを擁する。

※訳注78……アフガニスタンは人口のほとんどがイスラーム教徒で、そのうちシーア派は10～15%。

※訳注79……キャルバラーの悲劇のさまざまな場面を韻文まじりの散文で語る物語。

イランの宗教分野の術語として、「タアズィーエ」や「タアズィーエハーニー〔タアズィーエ劇〕」といった語は、一連の、ある特別な儀礼的・宗教的演劇※訳注80の意味で用いられている。「タアズィーエ・ダルアーヴァルダン〔タアズィーエを上演する〕」「タシュビーフ〔受難劇シャビーフの上演〕」「シャビーフハーニー〔シャビーフ劇〕」「シャビーフ・ダルアーヴァルダン〔シャビーフを上演する〕」といった慣用表現も、ガージャール朝期以降こんにちに至るまでのわれわれイラン人の宗教的言語表現において、まさにこの意味合いで使われている（補12）。一方、世界の他の地理・文化圏、とりわけインドやパキスタンのシーア派信徒には、キャルバラーの殉教者たちの宗教的事件や受難を舞台で演じるという伝統はない。そのため、こうした地域のシーア派信徒にあっては、イラクのシーア派信徒も同様であるが※巻末参考文献17、「タアズィーエ」という言葉は舞台で演じられる芝居という意味で用いられるのではなく、殉教者たち特にその長たるエマーム・ホセインのひつぎを模した、墓囲いに似た屋形や箱、もしくは墓囲いを象徴した造形物のことをさしている。イラクのシーア派信徒は、殉教者たちの受難を演じる集会の謂いとして、「タアズィーエ」や「タアズィーエハーニー」といった言葉の代わりに「似せたもの／似姿《シャビーフ》」という語を用いている。※巻末参考文献18〔屋形状の〕タアズィーエの造り、形状、サイズ、装飾、図柄は、イスラーム

マグタルナーメの朗読から発展したとされ、専門の語り部によって即興もまじえて語られる。
※訳注80……44ページの訳注63参照

教徒の暮らす街・地域によりさまざまであり、ときには同一の地理・文化圏の人びとの間ですら、差異がみられる。それぞれの文化圏の人びとがもつ信仰の体系が、なんらかの形でタアズィーエの構造や装飾、保管や巡行にまつわる慣習に影響を及ぼしている。そのため、ある街・地区のタアズィーエは、それがもつ特徴により、他の街・地区のタアズィーエとの識別が可能なのである。

　キャルバラーなどのメソポタミア地域の各地でよく見られるタアズィーエは、たいてい正方形ないし長方形の箱型で、切妻屋根か平屋根をもち、聖廟の墓囲いとまったくそっくりに作られており、サイズは大小いろいろである。こうしたタアズィーエのほとんどは、木製の骨組み、壁、屋根をもつが、柱は金属製の場合もある。壁や屋根の表面には彫刻が施され、色とりどりの紙や、金紙・銀紙で作られた造花や葉で飾り付けられており、宗教詩が書かれていることもある。タアズィーエの中には、単純な箱型で、なんの絵柄ももたないものもあり、通常、モハッラム月になると、ショールや錦、黒色や緑色の布の覆いを上にかぶせ、草花やロウソク、ランプ、チューリップ型燭台、各種の宝石による飾り付けが行われる。

　インドの地(補13)、たとえばラクナウ※訳注81、ハイダラーバード※訳注82、コルカタ、デリー※訳注83といった都市のシーア派信徒の間に広まっているタアズィーエは、その造りや形状、

※訳注81……インド北部、ウッタル・プラデーシュ州の州都。18世紀以降（ムガル朝時代）、イラン系の太守が支配したアワド藩王国の主都として発展。現在もイスラーム教徒支配の時代の建造物がよく残る。

※訳注82……デカン高原中央部アーンドラ・プラデーシュ州の州都。18世紀初頭にムガル朝のデカン長官が独立してハイダラーバード藩王国を創建、この地を主都とした。旧市街である南部は人口の過半がイスラーム教徒。

※訳注83……インドの首都。12世紀以降、歴代イスラーム教徒王権の首都。

カシミアのショールで覆われ宝石飾りが施されたタアズィーエ（象徴的ひつぎ）の線描画
（詳細は訳者あとがきを参照）

飾り付け方という面でイラクのシーア派信徒のタアズィーエとは異なっており、エマーム・ホセインの墓所の墓囲いとの類似性は比較的少ない。インドで一般的なタアズィーエは、竹と厚紙と色紙を使い、エマーム・ホセイン〔の聖廟〕の円蓋や殿宇や墓囲いを想像して作られる。※巻末参考文献19 大きなタアズィーエになると5〜6メートルの高さに達することもある。表面には金銀の紙が貼られ、象牙や色とりどりの紙などの美しい品々で飾られている。草花や、さまざまな種類のランプ、あるいは実ったばかりの小麦・大麦の穂やその他の植物を飾り付ける。インドの山岳地帯に暮らすイスラーム教徒は、自分たちのタアズィーエを山の樹木の枝で作り、その木の葉や花を用いて装飾を施す。

インドのシーア派諸社会におけるタアズィーエの使われ方については、繰り返し使われるタアズィーエと、その都度製作されるタアズィーエの2種類が報告されている。恒常的なタアズィーエのことを「ザリーフ」※訳注84とよび、その都度製作される一時的なものを「タアズィーエ」といっている。ザリーフは、「イマームバーラー」（補14）という名の参詣・服喪施設に安置され、人びとがお詣りできるようになっている。古くからある大規模なイマームバーラーであれば、個々に自前のタアズィーエすなわちザリーフを保有している。※巻末参考文献20

※訳注84……本来の意味は、聖廟の内部にある墓を囲う墓囲い。訳注31参照。

毎年モハッラム月の初めに服喪儀礼のために製作されるタアズィーエであるが、インドの一部のシーア派信徒は、アーシューラーの日の服喪儀礼が終わる際や、エマーム・ホセインの四十日忌であるアルバイーンの日に、そのタアズィーエを宗教的伝統にのっとって哀悼歌を詠じながら川や海の岸辺へと運び、水に沈める。[※巻末参考文献21] タアズィーエを、イマームバーラーかその周囲にあるキャルバラーとよびならわされた墓地へと運び、地中に埋める場合もある。[※巻末参考文献22] 自分たちのタアズィーエを「地元のキャルバラー」として知られた、戦場を表している川や井戸」に投げこむ集団もある。[※巻末参考文献23]

ヘジュラ太陰暦13世紀初頭の1203年〔西暦1789／90年〕[※訳注85] にインドの地を旅行したミール・アブドゥッラティーフ・ハーン・シューシュタリーは、その著『世界の贈物』において、モハッラム月にインドのヒンドゥー教徒とシーア派信徒の間でお互いに模倣しあって行われるタアズィーエ巡行のような慣習について、以下のように報告している。

> 奇妙なことに、その〔ジェイネギャル[※訳注86] という〕街では、イスラーム教徒のにおい一つ、〔預言者〕モハンマドと呼ばわる声一つないにもかかわらず、勢力家やお大尽たちはいまだ

※訳注85……1806年没。イランのシューシュタルのイスラーム学者の家系に生まれ、各地を旅し、インドで数年暮らしたのち、1801年にイラン西部、イラク、インドの旅行記である『世界の贈物』を執筆。インドの文物のほか、インドで英国人から得た西洋の近代科学、政治体制、宗教改革等の知識が記されている。

※訳注86……インド北西部ラージャスターン州の州都ジャイプルのこと。18世紀末から19世紀初頭にかけてはジャイナガルともよばれた。

上…オールド・デリーのチャウリ・バーザールでのタアズィーエの練り歩き。1985年
下…ラクナウのバーラー・イマームバーラー

に見栄を張って立派なタアズィーエ御座所を保有している。服喪月の新月※訳注87が見られるや、人びとはこぞって喪服に着替え、愉しみを断つ。多くの者がにわかに食事や酒をつつしみ、10日間ずっと何も口にすることはないほどである。昼夜を問わず、インドの言葉とペルシア語※訳注88で挽歌を吟じ、石打ち鳴らし儀礼※訳注89を行う。だれもがあたうる限り貧者に食べ物を施そうとし、どこの路地や市場でもバラ水が無料でふるまわれる。木と紙で聖なる墓囲い《ザリーフ》に似た物を作り、そのかたわらで跪拝し、地面の上で転げ回り、願掛けを行う。そして、アーシューラーに終わる数日が過ぎると、その墓囲いを模した物を川に沈めるか、決められた場所に埋めるのであるが、その場所はキャルバラーとよびならわされている。ラクナウや、ベンガル地方の各都市、同じく異教徒の地であるバナーラス〔ワーラーナシー※訳注90〕においても、こうした様子を目の当たりにした。さらに奇怪なことに、ベンガル地方や他のイスラームの地方においては、イスラーム教徒た

※訳注87……太陰暦は月の満ち欠けを基準とするため、新月は各月の最初の日を表す。断食月の開始、断食明けの大祭、巡礼月の開始など、イスラームの主要な祭礼の時期は、空の新月の目視による確認で正式に定まる。新月はイスラームのシンボルマークでもある。

※訳注88……11世紀初頭にペルシア語を行政語とするガズナ朝がアフガニスタンから北インドに侵攻した際にインドの地にもたらされたペルシア語は、1835年に英国がインドの公用語を英語に変更するまで、行政・文学・学術言語として用いられ、インド・イスラーム文化の形成に大きく寄与した。

※訳注89……両の手に持ったこぶし大の木のブロックを、独特のリズム・節回しに合わせて、皆で一斉に頭上で打ち鳴らし、次いで胸に打ち付けるという動きを繰り返し行う儀礼。

ちまでもが彼らを真似して同様の行動をしている。飲み食いを断ち、もしくは減らし、タアズィーエ御座所で礼拝をする。イスラーム教徒と異教徒が互いに難行苦行を競い合っている。頭や顔や胸を傷つけたり、出血して無我の境地に至るほどにまでわが身を打つのである。※巻末参考文献24

アズィーズ・アフマドはインドの十二エマーム派シーア派信徒の風俗について述べる中で、モハッラム月の最初の10日間における彼らの服喪行事に関して、このように言及している。

> インドでは、シーア派信徒はその信仰に基づき、モハッラム月の服喪儀礼を執り行う。エマーム・ホセインの殉教はモハッラム月10日の事件であったことから、月の最初の10日間は熱狂的な服喪期間であり、人びとの集いではキャルバラーでの一連の出来事を散文や韻文で表現するという形式をとる。それに続き、マータム※訳注91が行われるが、これは胸打ちの儀

※訳注90……インド北部、ウッタル・プラデーシュ州東部の都市。ヒンドゥー教、仏教の一大聖地。11世紀から18世紀初頭までイスラーム教徒の勢力下にあった。

※訳注91……「服喪、哀悼」を意味するアラビア語起源のペルシア語。

礼である。タアズィーエとよばれるエマーム・ホセインの墓を小さく模して作ったものや、エマーム・ホセインの弟アッバース※訳注92の旗を表わすアラムが、イマームバーラーという聖所で保管されている。それらはすべて、モハッラム月10日の集団儀礼の際に外に運び出される。タアズィーエは、地元のキャルバラーとして知られた戦場を表わす川や井戸に沈められる。エマーム・ホセインの受難の辛苦が女性たちの心に及ぼす影響も相当なものであり、そのはなはだしさたるや、服喪儀礼の際に自らのクリスタルの腕輪を打ち砕き、髪をくしけずることも宝石で身を飾ることもせず、色あざやかな衣服を身にまとうことも慎み、服喪にあたっては笑いどころか楽しげなそぶりなど毛ほども見せないくらいである。こうした服喪の期間は、彼らがチェヘロム※訳注93とよぶ、エマーム・ホセイン殺害から40日目のアルバイーンの日まで続く。インドでは、エマーム・ホセインの受難に関係する儀礼に、ヒンドゥーの慣習の影響が及んでいるものもいくつかある。※巻末参考文献25

※訳注92……680年没。ホセインの異母弟。アボルファズルとも。荒野で渇きに苦しむ味方のためにユーフラテス河の水を求めて敵の囲みを突破し、革袋の水を持ち帰る途中で敵の刃に倒れるシーンは、殉教語りのクライマックスの一つ。

左図：水の入った革袋を抱え、旗を手にするアッバース

※訳注93……ペルシア語で「40番目」、つまり死者の四十日の忌日を意味する。

ターブート

インドネシア、※訳注94 とりわけスマトラ島※訳注95のイスラーム教徒の間では、古い伝統にのっとり、「ターブートの追悼」※訳注96として知られる殉教者の長エマーム・ホセインの服喪儀礼が、「ソラー」※訳注97（アーシューラーを類推されたし）とよばれるモハッラム月に執り行われる。モハッラム月10日には、エマーム・ホセインの像・似姿やひつぎを模したものを作り、それを曳き回す。以下に示すのは、スマトラ島の人びとのエマーム・ホセイン追悼に関する慣習の描写である。※訳注98

> モハッラム月の初め、人びとは川のほとりに赴き、いくばくかの土を採る。それは、戦いの折にエマーム・ホセインの御顔を汚した土を意味している。その土を野原に置き、周りを木で囲んで、モハッラム月の9日までそのまま放置しておく。

つまり、9日まではそこには行かないのである。

※訳注94……人口の9割近くがイスラーム教徒。世界最大のイスラーム教徒人口を擁する。シーア派は少数派。

※訳注95……インドネシア西部の島。古くから海洋交易の重要拠点で、イスラーム教徒アラブ人が往来。島の最北西端のバンダ・アチェ（「バンダ」はペルシア語の「バンダル＝港」に由来）は、東南アジアで最も早くイスラームを受容した地域とされる。

※訳注96……アラビア語のひつぎ（ターブート）由来の tabut、tabot、tabuik などとよばれ、儀礼の名称であり、儀礼で用いられる象徴的ひつぎ自体の謂いでもある。西スマトラの海辺の街、パリアマンのタブイク儀礼は、19世紀前半に英領インドから同地に駐留していたタミール系シーア派信徒のセポイがもたらした。

※訳注97……syura あるいは suro。

モハッラム月9日になると、人びとは皆、おもてに出る。太鼓と銅鑼をたずさえ、バナナの葉梢を取り、先だって野原に置いておいた土の上にそのバナナの葉梢を乗せる。バナナの葉梢を取る儀礼のために外に出る際、グループ間で争いが生じる。モハッラム月の10日には、小さなタープートとともに戸外へと繰り出す。それは「リノアトゥグのタープート」※訳注99と名付けられている［リノアトゥグという語とその意味は不明］。人びとはそれを持って、善男善女からの喜捨を集めに行く。タープートを持つのは黄色い服を着た少年である。この少年は、「アナク・マジュヌーン」つまり狂った少年とよばれる。少年が誰かの家の戸口に来るや、子どもたちが彼を取り囲み、大声で「ハサン、ホセイン」と嘆きの声をあげる。それはあたかも、そうすることでエマーム・ハサンとエマーム・ホセインの身に降りかかった苦難を人びとに思い起こさせるかのようである。昼の11時までは次々に各戸を訪れるのであるが、正午になると、太鼓を打ち鳴らし悲痛な内容の詩

※訳注98……著者は引用元としてシャフレスターニー『アーダムの時代から私たちの時代までのホセインの追悼』を挙げているが、実際の内容は、ムハンマド・ザファル・イクバールというインドネシア在住のパキスタン人がテヘラン大学人文学部に2005／6年に提出した「ペルシア語、ペルシア語文学およびイラン文化のインドネシアの言語と文化への影響」と題する博士論文であると考えられる。

※訳注99……現地の言葉でtabuik lenong（小さいひつぎ）とよばれる物をさすと思われる。

を詠じて、気持ちをたかぶらせていく。

夜、人びとは木で作った指の形をした物を持ち寄る。それは布や葉で覆われ、その上には花が置かれている。これをエマーム・ホセインがキャルバラーで悪逆無道の者たちによって殉教なされたとき〔に切り落とされた〕指に見立てる。人びとは夜、連れ立って、あるいはめいめいに、服喪儀礼の見物のために村へと帰ってくる。その夜はキャルバラーの悲劇をものがたる挽歌の詩句を口ずさんで過ごす。2日目の夜も人びとはあの木製の指を持って戸外に出る。それにはターバンを模したものが載せられ、「サルバーン」※訳注100〔この語はどうやら頭《サル》を守るもの《バーン》という意味のペルシア語であるらしい〕とよばれている。ターバンは、あの野原に安置しておいた泥を用いて作られており、白い布が巻きつけられ、キャルバラーの地でエマーム・ホセインがかぶっていたターバンと称されている。モハッラム月の12日目の夜、人びとはターブートや太鼓、そして自分たちが普段から慣れ親しんでいる物を手におもて

※訳注100……現地の言葉では sorban。

へ出て、街の支配者の家へと向かう。それから喜捨を求めてタープートを担いで街を練り歩く。家々の戸口に来ると詩を詠唱するのであるが、それは「アナク・インダング」※訳注101とよばれ、内容は「〔預言者の〕お家の人びと《アフレベイト》※訳注102に敵対する者どもが行った悪行の数々」である。

昼間、村人全員が戸外に出る。集団ごとにタープートを奉じ、あの旗じるし《アラム》とともに〔川か海の〕岸辺へと向かう。人びとはその道すがら、〔アラビア語詩の古い韻律である〕ラジャズを口ずさむ。どの集団も自分たちのタープートを誇りに感じている。夕刻6時頃に岸辺へと至り、着くや否や、すべてのタープートが川か海に投げ込まれる。タープートが水中に没していくと、人びとの間にエマーム・ホセインを想う嘆きの声が上がる。その後、おのおの帰路につくのである。※巻末参考文献26

※訳注101……anak indangか。indangは西スマトラのミナンカバウ人の口承文芸の一種で、集団で小さなタンバリンのような楽器を用いて、節回しをつけて語られる。anakは子どもの意。indangの演者という意味か。

※訳注102……預言者の一族。その範囲は解釈によって幅がある。シーア派では、預言者の娘ファーテメとアリーの息子、ハサンとホセインが預言者の直系の子孫であることを重要視。「お家の人びと」は神によって罪から浄化された特別な存在として尊敬され、免税などの特権を享受した。スマトラ島でタブイクの儀礼を行うイスラーム教徒はスンナ派であるが、お家の人びとへの尊崇は宗派の別を問わない。

タブイクを海に沈める様子。西スマトラの街・パリアマンのタブイク儀礼は行政が観光資源として力を入れている

ひつぎを模した物、さまざま—2

これは殉教者のひつぎを模した物の一種であるが、その形状はさまざまである。テヘランでは通常、木製で、複数の柱をもつ筒状の小部屋の形をしており、屋根が丸いドームになっているものもあれば、屋根部分はドーム状ではなく壁状の平面で囲われているものもあり、それが円形の盆上に置かれている。柱の表面や、屋根部分を囲む平らな面には、鏡装飾※訳注103が施されるとともに、色紙や模様のある紙で飾り付けられ、色とりどりの電球や羽根が吊るされる。

ヘジュレ

シーア派を信仰するタタール人※訳注104※巻末参考文献27や、イランのテヘランその他いくつかの街の人びとは、服喪儀礼に用いられる象徴的ひつぎを「ハズラテ・ガーセムのヘジュレ」※訳注105※巻末参考文献28（補15）とよび、カスピ海沿岸のギーロ・デイラム地方※訳注106では「サーッレ」とよんでいる。

ヘジュレは、エマーム・ホセインの死を悼むモハッラム月の最初の10日間や、誰か

※訳注103……壁や天井などの表面に、数多くの鏡の小片をモザイクタイルのように敷き詰める建築装飾の一種。シーラーズのシャー・チェラーグ廟の鏡装飾が有名。

※訳注104……13世紀のモンゴル人の西進以来、歴史的にはジョチ・ウルスの諸民族の総称であったが、ロシア帝国の下ではテュルク系ムスリム諸民族に対して用いられた。多くはスンナ派。現在の主な居住地はロシアなどの旧ソ連邦だが、イランにもわずかに居住。

※訳注105……第2代エマームであるハサンの息子、ガーセム。弱冠13歳でおじホセインとともにキャルバラーで戦死。

ヘジュラ太陰暦13世紀〔西暦18～19世紀〕の服喪儀礼におけるガーセムのヘジュレ

ガーセムが戦闘に赴く直前、ホセインは娘をこの甥に嫁がせたとされる。ヘジュレは元来、新郎新婦が初夜を過ごす部屋をさす。ヘジュレに入ることもなく逝ったガーセムの悲話は、一連のキャルバラーの物語の中でも特に有名。

※訳注106……ギールとデイラム。ギールはカスピ海の南西の海岸地域。カスピ海とアルボルズ山脈に挟まれ、カスピ海の湿った空気が山脈の北斜面に当たるため、気候は湿潤、稲作が盛んな緑多い地域。デイラムは、シャールードの渓谷を中心とした山岳地帯。

が殉教※訳注107または早逝したり、地元の義侠の徒が亡くなったりした際にも、飾り付けがなされる。ヘジュレの内部には、黒や白のロウソクを立てたチューリップ型燭台と、明かりの灯されたカンテラもしくはランプが置かれる。ヘジュレが設置されるのは、モハッラム月の10日間にはホセイニーエ※訳注108やモスク、あるいは殉教物語の吟唱集会《ロウゼハーニー》が行われる場所の前であるが、誰かが亡くなった際のヘジュレ※訳注109はその死者の家の前や街中の通りに置かれ、初七日《ハフト》の夜には墓地へと運ばれ死者の墓に据え置かれる。ヘジュレの使用は、イランの多くの地理・文化圏、とりわけイランのマルキャズィー州※訳注110やテヘラン州※訳注111においてよく見られる。

ゴム※訳注112の街では、ヘジュレに美しい装飾を施したものであった。ヘジュレの柱や脚部や天井は色とりどりの高級な布で覆われ、クリスタルの房《ふさ》や鏡片やシャンデリアが取り付けられた。ヘジュレの内部に3、4歳の子どもを座らせ、ヘジュレ持ち《ヘジュレケシュ》とよばれる者が頭に乗せて運ぶということもあった。

ヘジュレ持ちは、たいがいはヘジュレの作り手でもあるのだが、ヘジュレの扱

葬儀の案内が貼られた道端のヘジュレ

※訳注107……イラン・イスラーム革命（1979年）や、対イラク戦争（1980～88年）での死者も、信仰の道に命をささげた者として殉教者（シャヒード）とよばれる。

※訳注108……その名が示すとおりホセイン追悼のための施設であり、モハッラム月の各種服喪儀礼が執り行われる場所。屋根がある場合と吹き抜けの場合とがあるが、中央に儀礼を行うスペースがあり、その周囲を儀礼見物用の桟敷席（1階から数階）が取り囲むという形状が一般的。機能的にタキーエと重なる部分が多い。

※訳注109……故人の写真や葬儀の案内の紙が貼られ、街頭に置かれる。

※訳注110……イランの中央部の州。テヘラン州の南西。州都はアラーク。

※訳注111……首都テヘラン

テヘランのタジュリーシュ地区の下タキーエに置かれたガーセムのヘジュレ

を擁し、イラン全人口の2割弱が集中。アルボルズ山脈の南斜面に広がり、テヘラン市は標高1200mほど。

※訳注112……ゴム州の州都。テヘランの南140km、キャヴィール塩漠の西端に位置し、マアスーメ廟（後述）の聖廟都市として発達。ホウゼとよばれるシーア派十二エマーム派教学の学術センターが置かれ、現体制下（イスラーム共和国体制）において宗教的・政治的に重要な都市。

いに長けていた。それぞれ、わずかな間とはいえ、たった一人でヘジュレを取り回し、その重さを頭と首で支えることができた。その者が疲弊し「あとを頼む！」《ベバンディード》とひと声かけるや、ただちに他のヘジュレ持ちたちがその者の頭上のヘジュレを次の者の頭の上に据えるのであった。

一行はヘジュレをハズラテ・マアスーメ※訳注113の御廟の内庭まで運び、引き返した。その道行きに際しては、ヘジュレの周囲でエスファンド※訳注114を火にくべて、煙を焚いた。

ゴムの街では、ヘジュレとは別に、ヘジュレガーフの巡行もあった。ヘジュレガーフとは大きな輿のようなもので、黒い布で覆われ、その前側部分にはハズラテ・ガーセムの御遺骸になぞらえた物が横たえられた。※巻末参考文献29

ファールス州のサルヴェスターン※訳注115のヘジュレは、木の板の台に等間隔にザクロの木の枝を取り付けて、小部屋か幕屋のような形に作られている。色とりどりの布をかぶせ、さらにその上に、色あざやかなハンカチや、金銀、鏡といった装飾品による飾り付けを施す。床の部分には絨毯を敷き、その前方、左右両側にはチューリップ型燭台を据える。花々のあしらいもある。服喪儀礼に際しては、4人の者がヘジュレの台の柄を肩に担ぎ、お練りを行う。※巻末参考文献30

インドのいくつかの街においては、モハッラム月7日になるとメヘンディー※訳注116

※訳注113……ファーテメ・マアスーメ（816／7年没）は第7代エマームであるムーサー・カーゼムの娘、第8代エマームであるレザーの妹。廟はイランではマシュハドにある兄レザーの廟に次ぐ一大参詣地。

※訳注114……エスパンドとも。乾燥地帯に育つハルマラという草で、夏に白い花を咲かせ、アサガオの種のような丸い実を結ぶ。中の細かい種子を火にくべ、その煙を浴びると邪視除けになるとされる。

※訳注115……イラン中南部のファールス州にあり、州都シーラーズから南東80㎞に位置する都市。

※訳注116……原義は、結婚式等に際してヘンナ染料で手や腕に細かい文様を描くこと。メヘンディーの行列は現在でもインド・パキスタン各地で行われている。

Mehndi の行列という名で知られるお練り儀礼が行われた。この行列は、旗《アラム》じるしやゾルジェナーフ※訳注117を付き従えた「メヘンディー」とよばれる象徴的ひつぎを練り回した。「メヘンディー」はインドの言葉で、ザリーフやタアズィーエに似た造形物をさす。人びとはメヘンディーをキャルバラーにおけるガーセムの婚礼※巻末参考文献31の象徴と考えており、これはすなわちイランにおけるヘジュレのことである。

シードゥーネ

シードゥーネとは直方体の形をした木製の象徴的ひつぎで、〔墓の囲いである〕ザリーフ、つまりイラクのシーア派信徒※訳注118がいうところのタアズィーエに類似している。シードゥーネ（補16）は、フーゼスターン地理・文化圏に属する人びと、とりわけデズフール※訳注119とシューシュタル※訳注120の住人が執り行う服喪儀礼のシンボル的存在である。

シードゥーネの側面や柱は、彩色され、絵が描かれ、色箔や金銀の箔が押されている。殉教者たちを悼む挽歌の詩句が、流麗な書体でシードゥーネを縁取るようにして書かれている。

※訳注117……ホセインがキャルバラーで騎乗した愛馬の名前。「翼をもつ者」の意。

※訳注118……イラン南西部の州。州都はアフヴァーズ。エラム文明の故地。エラム王国やアケメネス朝時代の王都シューシュ（スーサ）、対イラク戦争時に一時的に占拠されたホッラムシャフル市、中東における近代的石油採掘の嚆矢となったマスジェデ・ソレイマーンなどがある。アラビア語を母語とする住民が多い地域。

※訳注119……フーゼスターン州デズフール県の都市。

※訳注120……フーゼスターン州、カールーン川中流域の都市。

デズフールとシューシュタルのシードゥーネは、形状・構造の面で類似している。以下に、この2つの街のシードゥーネの構造と装飾、そしてシードゥーネ担ぎの慣習について紹介する。

◆シューシュタルのシードゥーネ

シューシュタルの人びとが奉じるシードゥーネは、聖廟の墓囲いやハズラテ・ガーセムのヘジュレに似ており、木製で、4面のタークとよばれる板壁から成っている。前・後両面のタークにそれぞれ扉が1つずつ、左右の2面には格子の入った扉が2つずつ設けられている。この墓囲い状の造形物が、脚付きの2つの直方体の台座の上に取り付けられている。天井部分も格子状になっており、その上部には木製の小さなドームが置かれ、ドームの四方には木製の小尖塔が立つ。シードゥーネの正面には小さく庇《ひさし》が張り出していて、その庇を下の台座から伸びた2本の木の柱が支えている。シードゥーネの四方の面、ドーム、尖塔、庇には彩色がなされ、全体に金銀の箔が施されている。シードゥーネを縁取るように、宗教詩、とりわけモフタシャム・カーシャーニー※訳注121の詩句が美しい書体で書かれている。

モハッラム月8日、人びとは色鮮やかな布地と「スィーモルグの卵」※訳注122と名付け

※訳注121……1588年没。サファヴィー朝期の詩人。キャルバラーの悲劇を詠った悲歌（マルスィエ）の名手。
※訳注122……想像上の霊鳥。ペルシア語文学では鳥類の王とされ、フェルドゥスィーの『王書』にも登場。

られた色とりどりの円球を用いてシードゥーネの飾り付けを行う。タースーアーとアーシューラー〔モハッラム月の9日と10日〕になると、各街区では装飾を施した自分たちのシードゥーネを地元のホセイニーエから出し、服喪の隊列の先頭に据えて市中を練り回す。そのため、タースーアーとアーシューラーは「シードゥーネ・ヴァルダルーン（＝シードゥーネ・バルダーラーン、つまりシードゥーネを持って運ぶこと）」の日とよびならわされている。

　シードゥーネの巡行は、屈強な男が数人がかりで、底板に取り付けられた太く長い木の棒2本を持ち上げて肩に担ぐ。担ぎ手たちは、太鼓や笛やシンバルによる独特のお囃子に合わせてシードゥーネを動かす。タースーアーの日の午後、人びとはシードゥーネをホセイニーエからバラー・エブネ・マーレク廟※訳注123に運ぶ。アーシューラーの日の朝には、街外れにあるエマームザーデ・アブドッラー廟※訳注124へと渡御し、その後、元の場所に引き返す。途中の何か所かに、担ぎ手たちがシードゥーネを専用の台座に置いて、疲れをとったり別の者と交代したりする場所がある。シードゥーネが台上に鎮座している間、隊列で胸打ちを行っていた者たちが、その周りをぐるぐると走りながら「ヤズラ」とよばれる囃《はや》し声をあげる。それはたとえば、「ソハーベ　シードゥーネ、シーレ　ナリー　ヤ」といったもので、

※訳注123……シューシュタルで最も歴史ある聖廟。バラー・エブネ・マーレクは預言者の教友（預言者と直接に接触したとされる初期の信者）の一人。

※訳注124……第4代エマーム、アリー・ゼイノルアーベディーンの子孫であるアブドッラーの廟とされ、シューシュタルの南の丘の上にある。

意味は「シードゥーネのあるじは雄ライオン」であり、すなわち殉教者の長、エマーム・ホセインのことをさす。

シードゥーネを保有している街区の住人は、常の習わしとして、タースーアーとアーシューラーの日にハルヴァー菓子※訳注125を作る。ハルヴァーはタープトゥーンとよばれるナーンに包んで、服喪の隊列の者たちに配られる。※巻末参考文献32

◆デズフールのシードゥーネ

デズフールの街で見られるシードゥーネはどれも同じような形であり、タアズィーエに似ている。デズフールのガーセミーエ地区のホセイニーエはシードゥーネ1基を保有しているが、これは、前方後方の2か所に小ぶりの扉をもち、両側面には2つずつ格子窓が設けられている。天井を取り巻くように張り出す軒部分には木製の飾り柵が取り付けられている。壁面は彩色され、銘文のある面や扉・窓枠の部分には指物細工や草花文様の彫刻が施されている。シードゥーネの四隅の銘文には、ハズラテ・ガーセムが〔初夜を過ごす〕へジュレにも入らずじまいで殉教したこと、本人も〔結婚相手である〕従妹のファーテメ※訳注126も共にまだ幼かったことを悼む詩句が、一列に綴られている。通常このようなシードゥーネは、脚

※訳注125……ハルヴァーは地域により材料・製法が異なり、甘い菓子一般を表す場合もある。イランで一般的なハルヴァーは、炒り小麦粉に油分と糖分を加え、カルダモン等の香辛料やバラ水で香りを付ける。

※訳注126……ガーセムはハサンの息子であり、ホセインはおじに当たる。ファーテメはホセインの娘。

左…デズフールのガーセミーエ地区のホセイニーエにあるシードゥーネ
右…デズフールのマスジェド地区にあるアッバースのシードゥーネ

の長い2つの台座もしくは四脚の大きな台座の上に置かれている。

地元の物知りの話によると、モハッラム月9日より前にシードゥーネをロウソクで飾り、色とりどりの円球を取り付ける。タースーアーの夜[※訳注127]になるとホセイニーエから出し、ホセイニーエの向かいの、胸打ちの隊列が通過する場所に置く。そしてアーシューラーの日、服喪隊列の先鋒として担がれていくのである。特に女性たちなど願掛け[※訳注128]をしていた者は、シードゥーネの内部に願解《ほど》きのふるまい物を置く。それは、ハルヴァー菓子や、ナツメヤシの実[※訳注129]、糖菓子、ナーン、チーズ、野菜といった食べ物であるが、ときには現金であったりもする。エマーム・ホセインの死を悼む人びとは、エマームのもたらす神の恩寵にあずかろうと、そうしたおふるまいを手に取り、口にする。現金については、ホセイニーエの使用人が回収し、その一部をシードゥーネの修理・維持費に充てる。[※巻末参考文献33]

ドグドゲ

少し前まで、エマーム・ホセインとハズラテ・アリーの服喪日にゴムの街の服

※訳注127……元来イスラームでは1日は日没に始まり日没に終わるため、タースーアー（モハッラム月9日）の夜といえば、前日の8日が日没を経て9日となり、それに続く夜をさす。以下、アーシューラーの夜も同様。

※訳注128……イスラーム社会の願掛けは、供犠や人びとへの施しなどを約して願を立て、成就すれば誓約を実行して願解きをする、後払い方式。

※訳注129……日本ではデーツの名で知られる。イランはナツメヤシの主要産国で、フーゼスターン地方でも主要な農産物。栄養価が高く、ラマザーン月の日没後の断食解除の直後に口にする食物としても一般的。

喪の隊列によって担がれた、タフテラヴァーン輿に似た象徴的ひつぎである。ファギーヒーは『ゴム宗教史』※巻末参考文献34という著作において、ドグドゲの飾り付けや練り回しの様子について、このように記している。「服喪の日の1~2日前になると、服喪の隊列の者たちは、ドグドゲを黒布で包み、その上に緑色のターバンと剣、その他の武具を置いた。ラマザーン月21日の信徒の長エマーム・アリーとモハッラム月10日の殉教者の長エマーム・ホセインの服喪日には、隊列の者たちは哀悼歌を詠じる子ども2人を前方部分に立たせたドグドゲを担ぎ、街中を経巡った」。

同様に、ゴムの街では、地元のオラマー〔ウラマー※訳注130〕や有力者が亡くなると、そのひつぎをドグドゲに乗せて墓地まで運び、埋葬するという習慣があった。

シェシュグーシェ

6つ《シェシュ》の角《グーシェ》、つまり角張った部分が6か所ある木製の墓囲いで、エマーム・ホセインの墓をおおっている6つの角張りを有する墓囲いを模しており、カーシャーン※訳注131の服喪隊列によって練り回しが行われる象徴的ひつぎの一種である。シェ

※訳注130……イスラーム諸学を修めた学者、知識人の集合概念。

※訳注131……テヘランの南220㎞、イラン中部のエスファハーン州カーシャーン県にあり、同州第二の都市。

シュグーシェの形状・構造についての説明として、以下のような報告がある。
シェシュグーシェの表面は彩色がなされ、大変美しい銀細工が施されている。軒回りや柱、格子囲いの一部には銘文があり、たとえばシャーザーデ・アリーアクバルというホセイニーエの氏子衆が保有するシェシュグーシェの銘文には次のような詩句が見える。

これなる高みにみえる絵は
清らなるザフラーの御子[※訳注132]の墓所を描きしもの
渇きに苦しみし、かの王の御廟　六つの角張り
なぜか　凸に張り出たる角二つ　預言者の墓のごとし
［余は尋ねたり　なにゆえにと　その者、涙していわく］
ホセイン様の葬られし墓
足下にあるは、アクバル様の墓[※訳注133]なり、と

（［　］内の句は、私が参照した論文には載っていないが、ナーセロッディーン・シャーがエマーム・ホセイン廟で作った

※訳注132……ホセインのこと。ファーテメ・ザフラーは預言者の娘であり、アリーとの間の息子がハサンとホセイン。

※訳注133……ホセインの墓囲いは縦に長い凸型で、突出部はホセインの息子アリーアクバルの埋葬場所とされる。わが子に先立たれた父の悲哀を描くアリーアクバルの殉教譚は、殉教語りでも人気の演目。なお、まだ乳児であった別の息子アリーアスガルも、父の胸の上に埋葬されたと伝わる。ホセインは戦場で渇きに苦しむわが子を敵に示し慈悲を乞うが、乳飲み子は敵の放った非情の矢に打たれ父の腕の中で息絶える。殉教語りで特に女性たちの涙をさそうシーンである。

とされる頌詩の一句であり、右に紹介した詩に付け足した）

この6つの角張りのある象徴的ひつぎは、カーシャーンのエマームザーデ・ハビーブ・エブネ・ムーサー地区のシャーザーデ・アリーアクバルの氏子衆によって保有されている。毎年、シェシュグーシェの日として知られるモハッラム月6日（モハッラム月の6日とシェシュグーシェのシンボリックな連関に注意されたい）になると、彼らは服喪の隊列の先頭にシェシュグーシェを奉じて、カーシャーンの街のバーザール[※訳注134]に向かう。シェシュグーシェの渡御ルートは、サルダールの小バーザールからパーナフルのバーザールとそのタキーエにかけてであり、途中、メスギャルハー〔銅製品職人〕のバーザール、上バーザールのザッラーブハーネ〔貨幣鋳造所〕、アミーノッドウレのティームチェ[※訳注135]、オロスィードゥーズハー〔靴職人〕のバーザール、ザルギャルハー〔金製品職人〕のバーザール、シャー・ヤラーン廟[※訳注136]、ゴザレ・ノウ〔新通り〕の各バーザールを通過する。[※巻末参考文献35]

※訳注134……カーシャーン市の中心部に位置し、そのメイン・ストリートは約3㎞に及ぶ。サルジューグ朝期以降の数多くの歴史的建造物を含み、1976年には「イラン国民の遺産」に登録された。特に著名な建造物としては、ガージャール朝期に造られたアミーノッドウレのティームチェがある（左写真）。

※訳注135……バーザールの一角の、周囲を1階ないし数階建ての店舗で囲まれた空間をさす。吹き抜けの場合もあれば、屋根がかかっている場合もある。

※訳注136……バーザールの中にあるエマームザーデ（聖者廟）。

カーシャーンの象徴的ひつぎの一種「アルガメ川」

アルガメ川《ナフレ・アルガメ》とファラート河《シャッテ・ファラート》

カーシャーンのパーナフル地区のアボルファズル服喪隊は、さらに別の象徴的ひつぎを有している。一つは、アルガメ川（ファラート河〔＝ユーフラテス河〕の支流）のほとりにある、ハズラテ・アボルファズル※訳注137の殉教地・墓所の墓囲いを模したものであり、もう一つは、ファラート河畔のエマーム・ホセイン廟に擬したものであるが、カーシャーンの人びとの間では、それぞれ「アルガメ川」「ファラート河」の名で知られている。

アボルファズル服喪隊は、モハッラム月の5日と9日にこの2つの象徴的ひつぎを奉じて市内のバーザールを練り歩く。パーナフルのタキーエから出発したひつぎは、パーナフル、ゴザレ・ノウ、シャー・ヤラーン廟、ザルギャルハー、ダルベ・ザンジール、オロスィードゥーズハー、ミヤーン・チャール、上バーザール、ザッラーブハーネといった各バーザール区を通過し、メスギャルハー・バーザールの最奥部からサング（ミール・エマード）広場に運ばれ、その後、別の経路で再びパーナフルのタキーエに戻ってくる。※巻末参考文献36 ■

※訳注137……ホセインの異母弟アッバースのこと。

第3章 ナフル

نخل

象徴的ひつぎとしてのナフル

意味

言葉としてのナフルは、ナツメヤシの木[※訳注138]、もしくは比ゆ的に樹木一般(補17)、あるいは《小さな木の形をしたロウ製の飾り物》(補18)を意味する。通俗的には、背丈の高いものの喩えであり(補19)、そして、エマーム・ホセインの服喪とりわけアーシューラーの日に服喪隊列の人びとが肩に担いで練り回す、象徴的ひつぎの名称である。ここでは、特殊な意味合いでのナフル、すなわち象徴的ひつぎのナフルに関して論じる。

形状と構造

この象徴的ひつぎは、木製の幅の厚い屋台で、直方体の胴体に切妻の屋根をも

※訳注138……ヤシ科の高木。中東や北アフリカで広く栽培されている。樹高は15～25m、木の頂きに3m以上にもなる羽状複葉の葉が茂り、果実は葉の間から房状に垂れ下がる。

写真：ナツメヤシの木

上、左下…ナフルの骨組み
左上…覆いを被せる途中のナフル。内側の様子

つ。ナフルの骨組みは、その大きさにもよるが、8本から20数本の梁や板でできた床組みと、4本から12本の長い柱、そして小さな梁や柱を何本も組み合わせ、たくさんの結合箇所をもつ胴体部分から成り立っている。ナフルの前面部と後面部も木で作られており、たいていは格子状になっている。

ナフル床組みの梁や板は、通常、柱の土台から1mないし1m半の高さにあり、床面いっぱいに張り巡らされ、釘で固定されている。それぞれの梁の両端は、ナフルの前後左右の面にあたる部分の付け根から四方向に1mほど突き出ており、ナフルの担ぎ棒となっている。ナフルの中には、前と後ろの面が糸杉の樹形のような逆V字型で、格子状の面に、城の胸壁のような凸凹《でこぼこ》とした縁取りをもつ、というものもあれば、下部分が格子入りの長方形で、その上に格子の入った逆V字型あるいはアーチ型の部分が乗っているというようなもののもある。ナフルの左右両側面にはナフル底部から上の尖端部にかけて何本もの梁が弓なりのカーブを描いて配されているが、このカーブはナフルの前面後面の丸みに沿っており、これによりナフルの躯体は中央部がせり上がった凸型の形状となっている。ナフルは地面の上か、木製の台もしくは板の上に置かれている。移動や練り回しの際には、底部の梁が外に突き出た部分を使って持ち上げ、肩に担ぐ。

辞書に見るナフルという語の用法

ナフルは、モハッラム月の服喪儀礼のために用意を整えて飾り付けをするので、「ナフレ・モハッラム〔モハッラムのナフル〕」とよばれ、ホセインのアーシューラーの日の特別な服喪儀礼用具であり、アーシューラーの日に担ぎ上げられて巡行することから「ナフレ・アーシューラー〔アーシューラーのナフル〕」ともよばれる。信仰に殉じた人びとや早逝した若者の死を悼む儀礼においても用いられることから、「ナフレ・アザー、ナフレ・マータム〔服喪のナフル〕」ともよばれている。

各種のペルシア語辞典をひもとくと、この造形物にナフルという名称が付けられた理由として、さまざまな説明がなされている。たとえば、『ネザーム辞典』※訳注139の編者は、ナフルをエマーム・ホセインのひつぎを模したものと見なし、ひつぎがナツメヤシの木の形そっくりに作られたことからナフル〔＝ナツメヤシの木〕と称した、としている（補20）。さらに、「早逝した死者のためのひつぎを上記のナフルに似せて作ることもある」とし、その証左として以下の詩句を紹介している。

※訳注139……セイエド・モハンマドアリー・ダーイーオルエスラームが1906年にインドのハイダラーバードで出版した五巻本のペルシア語辞典。書名は同地のネザーム（王）、オスマーンアリー・ハーンに因む。イランのラーリージャーン出身のダーイーオルエスラームは、長期にわたりハイダラーバードに在住、伝統あるオスマニア大学でペルシア語・ペルシア語文学を教授した。

命うばわれし　わが愛し子　この街で
わがひつぎ、ナフルを目にし
嘆かぬ者は　ひとりとてなし

『アーナンダラージュ辞典』※訳注140の編者は、「ナフル」をモハッラム月の「10日目のひつぎ」、すなわちアーシューラーのひつぎの名前であるとし、その説明として以下のように述べている。ナフルは形状的には「ひつぎのようであるが、大きさはひつぎの10倍である」。また、「ひつぎのナフル」について、「モハッラム月1日に作られるひつぎ」であり「装飾ひつぎ」を意味するとし、「インドではアーシューラーの日にしつらえる」としている。『ギヤーソッロガート辞典』※訳注141は、「ひつぎのナフル」の語義を死者のひつぎの装飾の一種であるとし、イランでよく見られる慣習であると述べている。

おそらく、かつてはこの象徴的ひつぎを柔らかくてしなりやすい木であるナツメヤシの木材で作り、胴体部や前後の両面の製作にも弓なりに湾曲した形状であるナツメヤシの枝を用いたために、「ナフル」という名で知られるようになったのであろう。さらに、イランやメソポタミアの文化においてはナツメヤシの木が

※訳注140……デカン高原のヴィジャヤナガル地方の藩王の首席書記官の息子モハンマド・パーデシャー（シャード）の編纂により、1889年にラクナウのノワルキショール印刷所より三巻本で出版されたペルシア語辞典。書名は出版費用を拠出した藩王の名前に因む。当時としては最も整ったペルシア語辞典と評された。1956年にはダビールスヤーギー博士の監修で、七巻本としてテヘランでも出版。

※訳注141……北インドのアーグラの言語学者、文献学者、詩人であったモハンマド・ギヤーソッディーン・ラームプーリーが1827年に編纂。ペルシア語・アラビア語語彙のみならず、テュルク語からの借用語も多数収録し、さまざまな社会階層や職業集団の用語、西欧諸科学の術語も取り入れた。

神聖なものとされていたがゆえに、この象徴的ひつぎをナフルと称したとも考えられる。というのも、イランやメソポタミアの文化人の宗教観では、ナツメヤシの木は再生、豊穣、不死、永遠性、力、粘り強さといった概念を想起させるのであるが、ひつぎもまた、神聖性、力、永遠性、聖なる力と神慮が顕れる場所とされているからである（本書の「終わりに」での議論を参照のこと）。それがキャルバラーの殉教者を哀悼する儀礼においてナフルが用いられたことにより、次第にイラン人の宗教文化において「ひつぎのナフル」「殉教者のナフル」「服喪のナフル」「アーシューラーのナフル」といった用語が一般化したのである。

ナフルの仕度と飾り付け

ナフルの用意が行われるのは、モハッラム月の最初の10日間、たいていは「エマーム・ホセインの殉教の前日である」タースーアーの日より2、3日前である。ナフルの用意には1日ないし数日を要するが、その期間は、ナフルの大きさや飾り付ける物の多さ、つまり飾り付けの種類や形式次第である。シンプルで小型のナフルであれば1日で終わるが、巨大で凝った装飾のタイプのものでは何日もかかる。通常はモハッラム月の5日目から9日目の間に黒い布で覆い、装飾を施す。

ナフルの身仕度を整え、飾り付けを施すのは、熟練の技をもつ達人である。その者は「ナフルバンド〔ナフル組み師〕」「ナフルペイヴァンド〔ナフル接ぎ師〕」「ナフルアーラー〔ナフル飾り師〕」などとよびならわされており、イランの多くの地で「バーバー〔親方、親父〕」「バーバーイェ・ナフル〔ナフルの親方〕」「ナフリー〔ナフル師〕」といった愛称でよばれている。ナフル組み師がナフルを黒布で覆ったり飾り物を取り付けたりする際には、数名の者が手助けする。

ナフル師とその助手たちは、自分たちの街や地区のナフルを神のご加護あれかしとの願いをこめて用意し、飾り立てる。アブヤーネなどイランの一部の地域では、ナフルの飾り付け作業と装飾品の保管はある特定の一族にゆだねられており、彼らは子々孫々にわたりこの神聖な殊遇を継承している。

ナフルを鏡や装飾品を用いて飾り付けることは、イランにおいては数百年も前から行われてきた。ダーイーオッサラームはその著『ネザーム辞典』において、ナフルの装飾方法についてこのように述べている。ナフルは「木で作られ」、「色とりどりの絹のショールや高価な布、鏡、ランプなどが取り付けられ、草花が飾られる」。

左…飾り付けが終わり、ホセイニーエに安置されたナフル。
手前にはチューリップ型燭台が置かれている。ザヴァーレにて

یا قمر بنی هاشم
السلام علیک یا ابا عبدالله الحسین

ナフルの飾り付けは、まず始めに胴体部分の表面全体を黒と緑の布や、ショール、カシミアで覆う。布の覆いの上、とりわけナフルの前面と後面の覆いには、花々やツゲの枝、鏡などのさまざまな装飾品が取り付けられる。剣や短剣、盾、兜といった武具がいくつか、カンテラ、チューリップ型燭台、ロウソク、大小さまざまの旗などの他、各エマームの聖像画も飾られる。ときには、エマームのお召し物を表すものとして、緑色のターバン、腰に巻くショール、マントなどもある。ナフルから邪視※訳注142を遠ざけるための「ナザルゴルバーニー」※訳注143「チェヘルベスメッラー」※訳注144といった飾り物も見られる。天井部には鐘が取り付けられ、ナフル巡行のときにこの鐘が打ち鳴らされると、その音を合図に服喪隊列の人びとは一斉に預言者一族への賛辞《サラヴァート》を唱和する。

ナフル巡行のしきたり

アーシューラーの日、人びとは黒布で覆われ飾り付けを施されたナフルを担ぎ上げ、独特のしきたりにしたがってお練りを行う。街や村のホセイニーエや広場

※訳注142……邪悪な目で凝視されると不幸になるという信仰。特に、他人に妬みの感情をもって見られるような人・物は邪視をよぶとされ、吉報に触れたりすばらしい物を目にしたりした際は、賛辞の代わりに「邪視よ、去れ」と唱える。

※訳注143……ナザルは視線、転じて邪視、ゴルバーニーは犠牲の意。ヒツジの目の形をしたガラス玉もしくは丸く平たいガラスで、邪視除け守りとして、子どもや家畜の首にかけ、あるいは家や店の壁に飾る。

※訳注144……銅や真鍮の金属片40枚（チェヘルは40の意）に、「慈悲あまねく慈悲深きアッラーの御名において」というクルアーンの冒頭部分（ベスメッラー）を彫った物で、邪視除けの護符として子どもの首にかける。

の中を練り歩く地域もあれば、市中の通りや地区を巡るという地域もある。ホセイニーエや広場でのお練りの場合は、間隔をあけて数回に分けて行うが、その都度、ホセイニーエもしくは広場の端から端まで、あるいはその内周を、1回から3回にわたって練り回す。ホセイニーエや広場の外に出る場合には、ナフルは街区のいくつもの通りを胸打ちや鎖打ちの儀礼を行う隊列を従えて移動する。その街区にあるエマームザーデなどの参詣地や、服喪儀礼や哀悼歌詠《ロウゼハーニー》みの集会が行われる場所、あるいはその街や村の有力なオラマーの家の門前に運ばれることもある。

ナフルを担ぎ上げる際は、体格のよい屈強な若者たちがナフルの下に入り、ナフルから四方に伸びる担ぎ棒を持って、「ヤー、ホセイン」の掛け声とともに担ぎ上げ、棒の端を肩に置かれた布製パッドの上に乗せる。担ぎ手の人数はナフルの大きさや重さによってまちまちであるが、巨大で相当な重量のナフルともなれば、恰幅のよい男たち数十人がかりでようやっと持ち上げ、肩に乗せる。『ネザーム辞典』の編者はナフルの大きさに触れて、「地面から持ち上げ、肩に担ぎ、動かすには、何百人もの力自慢の男たちが必要である」と述べている。

ナフルを担ぎ上げ、練り回すに当たり、誰かがナフルの上に乗っている場合もあれば、そうでない場合もある。地域によっては、黒装束の男1人がナフルの前

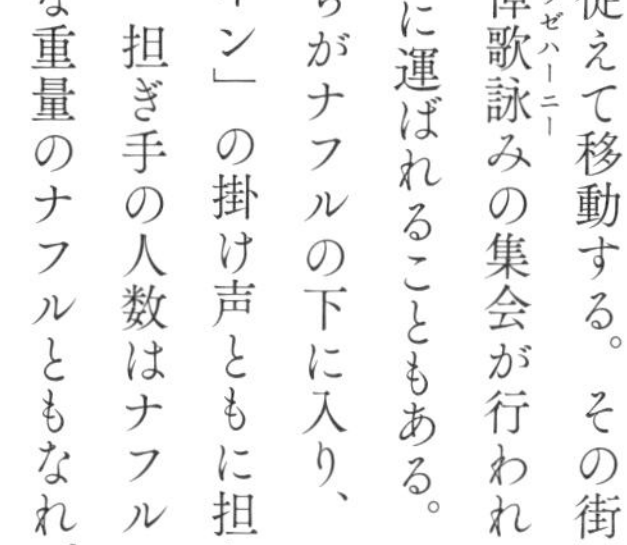

写真：服喪隊列では、キャルバラーで殺されたエマーム・ホセインの幼子・アリーアスガルの小さなひつぎを模した物も見られる。右手首にナザルゴルバーニーを付けた子ども。ゴムの街にて

側の面の木組みの上に陣取って、ナフルを練り回す担ぎ手たちを指揮することもある。また別の地域では、ナフルの前後それぞれの面に1人か2人の黒服の男が座し、道中ずっとクルアーンや御詠歌を唱え、シンバルを打ち鳴らす。シンバル鳴らしの一団がアラムやベイラグといった旗じるしを奉じた隊列とともにナフル巡行の隊列を先導したり、ナフルの数歩先を行く采配者が担ぎ手たちを決められたルートに導き、お練りでの皆の動きを統率したり、という場合もある。

隊列の采配者はルート上の特定の中継点に差しかかると、哀悼歌を詠唱したり、休息や担ぎ手の交代を行ったりするために、皆に止まれの号令をかける。そうした一時停止地点では、担ぎ手たちがナフルを地面や専用の台座の上に降ろし、ひと息ついて、哀悼歌に耳を傾けたり、水やシロップ※訳注145やお茶で喉をうるおしたりする。元気な一団がへとへとに疲れた者たちと交代することもある。願掛けの布をナフルに結んだり、願掛けのふるまい物や喜捨をナフル管理人に渡したりナフル練り回しの一行やホセインの服喪儀礼の参加者に配ったりする人びとの姿も見受けられる。

アーシューラーの日の夕刻、シャーメ・ガリーバーン※訳注146が執り行われた後、ナフルはホセイニーエや広場の元の場所へと戻される。その際、ナフル師《バーバー》とナフル管

※訳注145……シロップ（シャルバト）は、糖液に果物や香草などのエキスを加えた物。熱々の紅茶は社交の場には欠かせない。

※訳注146……モハッラム月11日の夜（10日の日没後）の服喪行事。ガリーバーンは「異郷に彷徨する者たち」の意で、ホセイン一行の虐殺後に生き残った婦女子などの非戦闘員をさす。荒野の暗闇に取り残され、その後虜囚となった彼らを偲ぶ集会が、ロウソクの明かりの中、静かに行われる。

理人はナフルを飾っていた貴重で高価な品々を外して箱におさめ、自宅に持ち帰る。来年のモハッラム月まで保管するのである。ホセイニーエやタキーエの内部に置かれたナフルを覆う黒布が取り払われるのは、たいていはモハッラム月の末に殉教者の長〔エマーム・ホセイン〕の一連の服喪儀礼が終了してから、もしくは〔モハッラム月の翌月にあたる〕サファル月の最終週、エマームの四十日忌《チェッレ》であるアルバイーンの日の儀礼を終えてからとなる。

役割分担

古くから、ナフルの保管や巡行に関してはある種の分業がなされており、街や村の各地区のいくつかの旧家がもつ社会的役割・義務・権利として確立されてきた。人びとは父祖から伝わる取り決めに基づいて、自分たちの地区のナフルの飾り付けや練り回しはある決まった特定の一族の果たすべき役割であると見なしてきた。たとえば、ナフル関連の道具や装飾品の保管、ナフルの用意や飾り付け、ナフルへの座乗、担ぎ手たちの采配、ナフルの担ぎ棒それぞれを担ぐこと、ナフルの脚部を担ぐこと、願掛けのふるまい物や喜捨を集めることなどが、その街や村のある特定の家門の人びとに役目として与えられている。大きなナフルにはいくつもの脚部や担ぎ棒があるが、その個数・本数分だけ、それを預かる家系が存在する。地区のそれ以外の人びとは、そうした家系の者たちの了承を得て、初めてこうした役割の一端を引き受けたり彼らの手助けをしたりすることが可能になる。このような権利と役割はその家系で代々引き継がれてこんにちに至っている。

それぞれのナフル（果てはジャリーデやアラム〔といった旗じるし〕に至るまで）には、そのナフルや関連の品々や装飾品の保管を担うナフル師《バーバー》がいた。カーシャーンのような一部の地域では、ナフルはそれを管理するバーバー個人の名前で識《し》られてきた。バーバーは信仰心の篤い人びとの間では一目置かれた存在であり、エマーム・ホセインなど〔預言者の〕お家の人びとのまことの奉仕者として信望を集めてきた。人びとがナフルに対して寄進する喜捨や願掛けのふるまい物に関しても、バーバーの取り分には大きいものがあった。■

左…中央に糸杉柄があしらわれた覆い布のナフル

第 4 章

ナフル巡行行事の来歴

پیشینه رسم نخلگردانی

キリスト教徒のナツメヤシ巡行儀礼《ナフルギャルダーニー》

世界中のキリスト教徒集団の中には、ナツメヤシやオリーブの木や枝をかかげて行進する慣習をもつ人びとがいることが知られている。歴史家たちの報告によれば、キリスト教徒たちは古くから、毎年、英語で「ナツメヤシの日曜日」※訳注147とよばれる日、すなわち、復活祭※訳注148の前の日曜日※訳注149で「サアーニーン祭」(補21)もしくは「シャアーニーン祭」とも称される日に、ナツメヤシの巡行の儀礼を執り行ってきた。キリスト教徒によるナツメヤシの行列は、キリストとその信奉者たちがエルサレムに意気揚々と入城したことを記念して催される行事である。

ナツメヤシの日曜日の儀礼に関する記述は、最も古いものではヘジュラ太陰暦4世紀〔西暦9世紀〕、つまり約千年前の昔にさかのぼる。メッツはその著『イスラーム文明』※訳注150※巻末参考文献37においてこう述べている。「当時、エジプトのコプト教会※訳注151のキリスト教徒は、毎年ナツメヤシとオリーブの枝でできた十字架をロウソクで飾り、シャアーニーンの祭りの際に教会に持って行った。神父はナツメヤシを受け取り、

※訳注147……パーム・サンデー。日本では宗派により、枝の主日、受難の主日、主の聖枝祭など。復活祭までの1週間は聖週間、受難週などとよばれ、イエスの受難を悼んで喪に服す期間であり、パーム・サンデーはその初日（東方教会では翌月曜日からの6日間を受難週間とよぶ）。

※訳注148……原文の「エイデ・フェスフ」はユダヤ教徒の祝祭である過越祭（イスラエルの民が神によってエジプトから救出されたことを祝う祭、ペサハ）をさすが、『モイーン辞典』には「キリスト教徒にとってはイエスの昇天を記念する祝祭」とあり、キリスト教の復活祭（イエスの死からの復活を記念するキリスト教最大の祭、イー

それに祝福を施すと、教会内を周って、教会の四隅のそれぞれにおいて、その十字架に対し4つの福音書の一部を詠んだ。※訳注152 また、ヘジュラ太陰暦※訳注153 4世紀〔西暦9世紀〕のエジプトやエルサレムのキリスト教徒の間では、シャアーニーンの祭りの日に教会をナツメヤシの木やオリーブの枝で飾り付け、神の祝福を求めてナツメヤシやオリーブの枝を互いに贈り合うという風習があった。

こんにちにおいても、シリアのマロン派※訳注154キリスト教徒にはオリーブ巡行の風習がある。シャアーニーンの祭りの日に人びとは大きなオリーブの木を教会に運び、独特の儀礼をもって祝福を施す。それから祝福を受けた木に自分の息子を乗せ、歓喜の声をあげながら教会の周りを練り歩く。大きなプレゼントをくれる人があれば、祝福の木を差し出す。相手の者は祝福の恩恵にあずかろうと差し出された木から枝をもぎ取り、家に持ち帰る。※訳注155 メッツは、ナツメヤシあるいはオリーブの木を持

エルサレムの聖墳墓教会におけるパーム・サンデーの行列。1941年

スター）の意味で用いる場合もある。なお、復活祭をさすペルシア語は「エイデ・パーク（清浄祭）」。

※訳注149……復活祭は「春分の次の満月後の最初の日曜日」と規定される移動祭日。計算法の違いから東西教会で日取りが異なる。復活祭へと至る一連の行事の日程は復活祭から逆算。

※訳注150……ドイツ語の原著の原題は『イスラームのルネサンス』（1922年）。そのペルシア語訳の題名が『ヘジュラ太陰暦4世紀のイスラーム文明』。著者Adam Mez（1917年没）はスイス・バーゼル大学で教鞭をとった東洋学者。

※訳注151……エジプトのキリスト教会。コプトとは元来、エジプトの征服者（ギリシア人、ローマ人、アラブ人）に対して土着のエジプト人を表す言葉。エジプトは2世紀にはほぼ全土がキリスト教化していたが、7世紀にアラブ人が侵入、10世紀までにコプトの

って行進する習俗を、樹木の祭りにかかわる古くからの慣習の名残であるとしている。

シャムソッディーン・モハンマド・デマシュギー[※訳注156]はその著『陸と海の諸々の驚異についての歴史』[※巻末参考文献38]において、キリスト教徒のオリーブ祭りに関する説明として、以下のように述べている。「オリーブ祭りはサアーニーンの祭りもしくはシャアーニーンの祭りともよばれ、神への賛美を意味する。節制[※訳注157]の7番目の週の日曜日に執り行われる。ナツメヤシの木の枝を手に教会の外に繰り出すというのが、この祭りの習わしである。この日は、キリストがロバの背に乗ってエルサレムのユダヤ教徒らのもとへとやって来て、善行を勧め悪を懲らしめた日であり、人びとはキリストの前で偉大なる神に感謝をささげた」。

ヘイズ[※巻末参考文献39]はタイラーの著作からの引用として、西暦1855年のメキシコの首都で、その地に暮らすキリスト教徒のメキシコ人たちがパーム・サンデーの祭りにナツメヤシの枝を持って歩いたことを記している。ナツメヤシ行列の儀礼は、こんにちでもなお、世界各地のさまざまなキリスト教徒集団の間で広く行われている。

イスラーム改宗が進み、結果としてコプト教会の信徒をコプトとよぶようになった。現在のエジプトのコプト教会信徒は言語・習慣も外見もイスラーム教徒と変わらない。

※訳注152……メッツの原著では、この儀礼は千年前ではなく現代の儀礼として紹介されている。

※訳注153……原著では、「シリアとエジプト」となっている。

※訳注154……キリスト教単意論派を起源とする東方諸教会の一つであったが、13世紀にカトリック教会に帰依した宗派。レバノンを本拠とし、独自の典礼を保持。

※訳注155……原著では、飾り付けをしたオリーブの木を競りにかけ、競り落とした者が自分の息子を木に乗せる、とある。

※訳注156……1326／7年没。マムルーク朝時代のダマスカスの学者・神秘主義者。『陸と海の諸々の驚異についての歴史』は「アジャー

シーア派信徒のナフル巡行儀礼

イランおよびシーア派の宗教文化や宗教書における、ナフルという語をナツメヤシの枝で飾った宗教用具やひつぎ状のものを表すのに用いること、つまり、ナフルの語のこのような意味での用法は、現存する文献に基づけばサファヴィー朝期にまでさかのぼるが、服喪儀礼の際にナフルに似ているが名称の異なるひつぎやシンボルを練り回す習俗の歴史は、サファヴィー朝よりもさらに前の時代にまで跡付けることができる（補22）。その証拠に、エブネ・ジャヴズィーは、ヘジュラ太陰暦5世紀初頭（西暦11世紀前半）のバグダードのカルフ地区で、シーア派信徒たちが信徒の長［エマーム・アリー］とエマーム・ホセインの墓を詣でる際にナフルに似た象徴的ひつぎであるマンジャニーグを運んだと報告しており、これについては本書第1章で詳しく述べた。

ナフルという象徴的ひつぎは、サファヴィー朝期の社会ではすでによく知られており、この語は当時の宗教用語としても使われていた。当時、ナフル巡行の伝

イブ（驚異）本」とよばれるジャンルの一種で、イスラーム諸国の歴史、地理、自然（植物、動物、鉱物等）などを網羅。

※訳注157……復活祭前の節制の期間。イエスが宣教開始に際して荒野で断食した40日間の苦しみを思い、イエスの受難を悼み、祝い事は避け、修養し悔い改め、深い祈りの時をもつ期間。食事の節制（回数を減らす、肉を控える等）を行う場合もある。西方教会ではレントとよばれ、40日間。東方教会では48日間（7週間）あり、食事の節制もより厳格。

※訳注158……1961年没。イランのボルージェルド出身の、シーア派十二エマーム

下…故アーヤトッラー・ハーッジ・アーガー・ホセイン・タバータバーイー・ボルージェルディー師 ※訳注158 が発した、ナフル巡行の風習はイスラーム法に照らして支障なしとする見解（ファトヴァー）

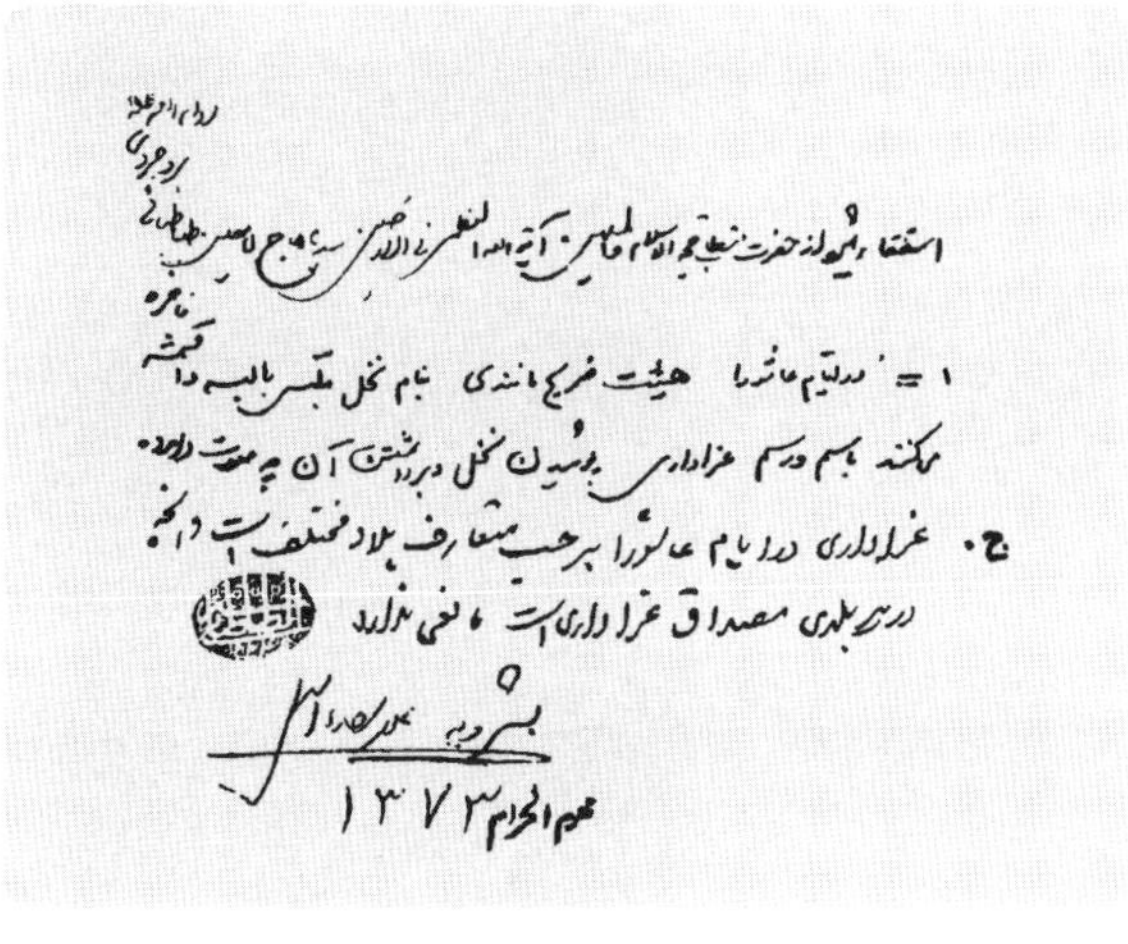

統は、イランの一部のシーア派社会、特にイラン中央部のキャヴィール塩漠の周縁部にある都市や集落において、広く普及していた。

地方史家の中には、ナフルを飾り付けたり練り回したりする風習を、サファヴィー朝期のイランで生じた「逸脱《ベドアト》」※訳注159の一つであると見なす者もいる。そのような著述家の一人、アブドルホセイン・アーヤティー※訳注160は、『ヤズド史』の中で以下のように記している。

ナフルやナフルを飾る行為は、モハッラム月、とりわけアーシューラーの日までの10日間に、殉教者の長［エマーム・ホセイン］の死を悼む

派の「模倣の源泉」（一般信徒が模倣・習従の対象とする最有識のイスラーム法学者）。イラン革命の指導者ルーホッラー・ホメイニー師が師事。このファトヴァーに記載の日付はヘジュラ太陰暦1373年モハッラム月（西暦1953年9月）。

※訳注159……クルアーンやハディース（預言者の言行録）にはない新しい考え方、行為、物のことだが、それらすべてが逸脱というわけではない。シーア派では、クルアーンやハディースに反していなければ逸脱とは見なさず、スンナ派では何を逸脱と見なすかは法学派により異なる。

※訳注160……1953年没。ガージャール朝期のヤズドに生まれ、バハーイー教に改宗し各地で布教するも、後に再改宗。バハーイー教の歴史に関する著作で知られる。『ヤズド史』はパフラヴィー朝レザー・シャー期の1928年の作。

ものと称して人口に膾炙しているが、その起こりはサファヴィー朝期にある。その時代、シーア派が国教化し殉教語り集会や受難劇が正式に認められたのにともなって、このナフル飾りの風習が広まり、この手の逸脱が数多く出現し、それにまつわる儀礼もますます増えていった。※巻末参考文献40

同じ著者はこの部分の数ページ先で、ナフル巡行はインドを起源としたインドの慣習に属する儀礼であって、イランのシーア派信徒はサファヴィー朝期にナフル巡行の風習をインドから取り入れたのだと断定したうえで、次のように言う。

> これは、サファヴィー朝期のイランに持ち込まれ、ガージャール朝の滅亡と運命をともにした逸脱行為である。※訳注161 なぜなら、サファヴィー朝期以前にこの種のものの痕跡が皆無であることは言をまたないからだ。※巻末参考文献41

アーヤティーの見解とは逆に、ナフル巡行はサファヴィー朝期以前のイランで一般的に見られた習俗であり、サファヴィー朝期のシャーはこの習俗をより一層奨励したのだ、とする者もいる。たとえばアンドレ・ゴダールは『イランの

※訳注161……アーヤティーはこの引用部分の直前で、ナフル巡行は「他者から見れば馬鹿げた行為」であり、「数多くの国民的・国家的な事柄の真の改革者たるパフラヴィー朝においては、この行為も放棄され、廃れていった」と述べている。服喪儀礼全般が盛んであったガージャール朝期が終わり、古代礼賛・脱イスラーム指向のパフラヴィー朝期に入ったことで、ナフル巡行儀礼も非イラン的な外来の「逸脱」として消滅する、という趣旨か。

※訳注162……André Godard（1965年没）はフランスの建築家、考古学者、美術史家。1928年、パフラヴィー朝レザー・シャー期にイラン考古局初代局長として招聘され、1937年開館のイラン考古博物館の設計を手掛け、館長に就任。考古学・建築学分野での調査をまとめた『イランの遺産』は、1936年から1949年にかけてフランス語で出版。

遺産』※訳注162という著書の中で、サファヴィー朝のシャーがナフル巡行を庇護していたことについて触れ、そうしたシャーたちがこの習俗が広く普及する要因になったとしている。ゴダールは自説を証明するものとして、サファヴィー朝〔第9代目シャー〕のソルターン・ホセインによるヘジュラ太陰暦1115年〔西暦1703／4年〕の勅令をあげている。この勅令は石板に刻まれ、エスファハーンのエマームザーデ・エスマーイール地区にあるエマームザーデ・エスマーイール廟の入口正面左側の壁に嵌め込まれているものであるが、それによると、シャーは「かかるエマームザーデを擁する地区は、アーシューラーの時期に具足をまとう義務およびナフルの伝統に係るその種のものを」免除するとし、「王都のダールーゲ※訳注163および徴税官をして勅令に従わせしめ、以後一切、具足を身にまとう義務やナフルの慣習に付随する義務を」課さしめないこと、とした。※巻末参考文献42この勅令は、当時の人びとの間にナフル巡行の慣習が広まっていたことを示すとともに、サファヴィー朝のシャーがナフル巡行儀礼を重視し人びとに奨励していたことをも明らかにしている。

ナフルのお練り儀礼はサファヴィー朝期のイランで広く伝播し、エスファハーンのみならずイランの別の地域でも行われていた（本書で紹介したサファヴィー朝期における象徴的ひつぎ巡行儀礼の事例を参照されたい）。どの地域の人びと

※訳注163……元々は、モンゴル帝国において中央から地方に派遣された行政の責任者の名称であるダルガチに由来。イルハーン朝、カラコユンル朝、アクコユンル朝、そしてサファヴィー朝期には都市の秩序・治安維持を受けもつ役職となった。ガージャール朝期には市場監督官の役割も担った。

も、タキーエやホセイニーエに自分たちのナフルを保有し、アーシューラーの日にはそれを飾り立て、服喪隊列を組んで他の服喪用の祭具とともに練り回していた。その一例として挙げられるのが、ヤズドのミールチャグマーグ※訳注164（ミールチャフマーグとも）の巨大ナフルである。このナフルの骨組みは近年までミールチャグマーグ広場に置かれていたが※訳注165、最古のナフルとされており、400年前つまりサファヴィー朝期のものだと考える者もいる（補23）。

アンドレ・ゴダールは昔のナフルの飾り付けや練り回しについてひととおり説明するが、ナフルのお練りは当世もはや廃れたものと誤解している。

> イランのほとんどの街や村には、それぞれ少なくとも1つのタキーエ、すなわちモハッラム月の集会のための場所がある。そうしたタキーエには、ナフルとよばれる木製の造形物があった。人びとが奉じて練り歩いたこの造形物は、エマーム・ホセインのひつぎをシンボライズした物である。人びとはこのナフルを、エマーム・ホセイン殉教の命日であるアーシューラーの日より前に、ナツメヤシの木の葉やその代替物である羽根、金紙、鏡、絨毯、カシミアのショールなどで飾り付けたものであった。

※訳注164……ティムール朝期の1432／3年にヤズド統治を任じられたアミール・チャグマーグ・シャーミーが、ヤズドの街の外にモスク、隊商宿、公衆浴場、貯水施設等を建造。当時の建造物の一部と後世の増改築部分から成る建造物群は、ミールチャグマーグ広場と名付けられた広場を取り囲み、現在はヤズドの街の拡大により街の中心部に位置。

※訳注165……この巨大ナフルは、老朽化のため儀礼での使用は危険として長らく現役を退いていたが、2017年10月1日のイラン国営放送のインターネット記事によると、アーシューラーのこの日、補強修理を済ませたナフルが70年ぶりに広場を巡行した。ナフルは老朽化しても聖なる存在であるため、取り壊さずに自然に朽ちるにまかせるべきとされる。

ナフルは、担ぐ部分が4つある構造をしていた。アーシューラーの日の前夜、ナフルの大きさや重さによって4人ないしそれ以上の人数の男たちが、タキーエの内庭もしくはタキーエがない場合は街の広場の中央にナフルを運び出し、その内庭あるいは広場を周回した。その際、男も女も、子どもたちも、ナフルの下をくぐり抜けた。ナフルが地面に置かれると、台座の部分には、願掛けのロウソクでいっぱいの木の盆がいくつも置かれた。アーシューラー当日、ナフルのそばでハチミツ味のおやき《コルーチェ》を焼き、それを友人・知人に贈り合うのが習わしであった。その日は、おろしたての服を着た屈強な男たちがナフルを街区から街区へと曳き回す栄誉に浴し、互いにその技を競い合った。どの街区も、ナフルの巨大さ、装飾の華麗さ、練り回しの人数において他の街区をしのごうと、躍起になった。たいていそうした競い合いではいざこざが生じるものであり、ガージャール朝期にはそれがあまりにも大ごととなったため、ナフルの練り回しは治安当局の官憲の警護のもとで行われたほどであった。この慣習も今やすっかり廃れてしまったが、それでも村むらやいくつかの街の広場で、もはや使われなくなったナフルを目にすることができる。※巻末参考文献43 ■

第5章 さまざまな地理・文化圏におけるナフル巡行行事

نخل‌گردانی در حوزه‌های جغرافیایی-فرهنگی

1 キャヴィール塩漠文化圏

ナフルとその巡行儀礼は、イラン全土、そしてイラン＝シーア派諸文化のすべてにおいて広く知られ、行われている、というわけではない。この儀礼が昔から他のどの地域よりも普及している地理・文化圏は、イランのキャヴィール塩漠地帯の都市・集落およびキャヴィール塩漠の周縁部一帯の、キャヴィール塩漠文化圏である。ナフル巡行は、この地理的に広大な地域のうちでも、ヤズド、タフト、ナーイーン、アブヤーネ、カーシャーン、メイボド、セムナーン、ザヴァーレといった街や、それらの街を取りまく集落において、とりわけ大切にされ、盛大に挙行される。以下、そうした街のそれぞれにおけるナフルの飾り付けや練り回しの慣習の概要を紹介する。

キャヴィール塩漠文化圏の建築物の屋根によく見られる採風構造。メイボド、1998年

ヤズド※訳注166とタフト※訳注167

◆ナフルの飾り付け

ヤズドとタフトにおけるナフルの飾り付けや練り回しは、アーヤティーが『ヤズド史』で述べているとおり、しきたり・作法の点で互いに似通っており、日中のある定まった時間帯にそれぞれの街の有名な大広場において執り行われていた。

かつてヤズドには巨大ナフルが2基存在し、そのうちの1基はミールチャグマーグ広場に、もう1基はシャー広場(補24)(現在名モジャーヘディーン広場)訳注168に置かれていた。タフトにも2基の大ナフルがあり、それぞれシャーヴァリー広場訳注169とギャルムスィール広場訳注170に保管されていた。ナフルの用意を整え、装飾を施す作業は、どちらの街でもモハッラム月5日に始まり、アーシューラーの日の前夜までに仕上げられた。各ナフルには、「シャッデとよばれる、木や鉄や高価な布で作られた大きな旗じるし《アラム》」が取り付けられ、「姿見の鏡が多数掛けられ」訳注171、「何振りもの鉄の短剣」が飾られ、さらにそれに加えて「カシミアのショールなどのさまざまな装飾」が施された(補25)。

※訳注166……イラン中央部のヤズド州の州都。ゾロアスター教の街として知られる。

※訳注167……ヤズド州タフト県の中心都市。山麓にあるため、キャヴィール塩漠の周縁にありながら比較的涼しい。

※訳注168……モジャーヘディーン広場は誤りで、ベエサト広場が正しい。この広場は近年の道路整備により原型を留めていないが、往時は大タキーエが立つ大きな広場であった。ヤズドは現在も盛大なナフル巡行で有名。

※訳注169……現在はエマーム広場と改称。シャーヴァリーとは、14世紀の神秘主義者・詩人で、ネエマトッラーヒー教団を興したシャー・ネエマトッラー・ヴァリーのこと。広場の南西には教団の修行道場を中心としたシャーヴァリー建造物

◆ナフルの練り回し

アーシューラーの日の正午、ナフルを練り回すため、あるいは殉教者の死を悼み、ナフルのお練りを見物するために、ヤズドとタフトの人びとは連れ立ってそれぞれの街の広場へと向かったものである。広場の全体、さらにはそれをとりまく建物の屋上や内庭までもが老若男女でごった返し、その間を抜けて通るのが不可能なほどの人だかりであった。

午後になると、筋骨隆々たる男たちの一群の登場である。肩の上に「布を何枚も重ねてクッションのようにしたものを結び付けた」男たちは、ナフルの下に入りこみ、およそ20人もの若者が上から下まであちこちの梁に乗っているナフルを持ち上げ、肩に担ぐ。ナフルの上の若者たちは、シンバルを打ち鳴らす者もいれば、クルアーンやモフタシャムの詩を朗唱する者もいる。

ナフルを持ち上げるにあた

ヤズドのシャー・アボルガーセムのホセイニーエにて。1998年

群があり、その一角のホセイニーエでのナフル巡行は11頁の写真参照。

※訳注170……タフトの街は川で南北に二分されており、川の北側をギャルムスィール（暖かい土地）、南側をサルドスィール（寒い土地）といった。ナフルはギャルムスィール地区のホセイニーエにあり、川を挟んで南側のサルドスィールのナフルすなわちシャーヴァリーのナフルと対をなす。

※訳注171……13頁の写真のナフルを参照。写真は1898〜1904年にヤズドに滞在したマルコムの著作からで、ミールチャグマーグ広場のタキーエの上から撮られたもの。

っては、ナフルの担ぎ手たちの長が大きな掛け声をかける。担ぎ手の若者たちは3度目の掛け声を合図にナフルを地面から持ち上げ、肩に担ぐ。そして、何千もの観衆が哀悼の思いをこめて見守る中、ナフルを動かす。ナフルは彼らの肩に担がれて、広場の北側から南側までの500歩ほどの距離を、横に一定の間隔ずつずれながら〔ジグザグに〕、7回、9回、あるいは11回と、往復するのであった。※巻末参考文献44

ナーイーン※訳注172

◆双子のナフル

かつてナーイーンの街には2基の小型ナフルがあり、1つはチェヘルドフタラーンという地区(補26)のホセイニーエに、もう1つはグーダールーという地区(補27)のホセイニーエに、それぞれ保管されていた。2つは同じ形状・大きさで瓜二つであったことから、地元衆からは「双子《ナフレ》のナフル《ドゴリー》」(補28)の名でよびならわされていた。アーシューラーの日には、この2つの地区からエマーム・ホセインの殉教

※訳注172……エスファハーン州ナーイーン県の都市。州都エスファハーンの東160kmに位置。

を悼む儀礼を執り行う者たちが寄り集まり、ナフル回しの準備に取りかかった。

◆ナフル巡行

かつては、黒布や緑の布、ショール、カシミア、鏡などの装飾品で飾り付けられたナフルを2つ並べて置き、互いの脚部をロープで固く一つに縛り合わせた。チェヘルドフタラーンとグーダールーの双方の地区を代表して2人の若者がナフルの下に入り、2つのナフルのそれぞれの脚部をおのおの肩に担ぎ、力を合わせてナフルを動かした。ナフルを動かす際は、2人が横一線に並び、互いに歩調を合わせるように注意を払った。もし一方の者が故意にせよ不注意にせよ相方よりも大股に歩いたり、遠くに踏み出したりすれば、ナフルを一緒に動かす息が合わなくなる。そのように和が乱されると、ときには2つの地区の者たちの間で騒ぎが起き、流血沙汰に至ることもあった。※巻末参考文献45

◆スィーティー・ハーンのナフル

〔『ナーイーン史』の著者〕バラーギーはナーイーンのバ

ナーイーンの歴史的バーザール

ーバー・アブドッラー・モスク※訳注173にある「スィーティー・ハーン（スーティィー・ハーン）のナフル」という別のナフルの名を挙げ、このように記している。スィーティー・ハーンのナフルは「剥きだしの姿で、覆い布も、剣や盾、鏡、鈴、スカーフ、チューリップ型燭台といった飾りもないが、ナーイーンの他のどのナフルよりもその名が知られている。もしこのナフルをモスクの屋根を越えて通りに持ち出せたなら（［大きすぎて］モスクの出入り口から外に出せないため）、それはナツメヤシの種から太鼓が飛び出す［くらいありえない］ことである」※巻末参考文献46。

※訳注173……ナーイーンの歴史的バーザールの南に位置し、イルハーン朝第7代君主ガーザーン・ハーンの治世（1295～1304年）に建造。

アブヤーネ

◆下村のナフルと上村のナフル

アブヤーネ（補29）の人びとはナフル飾りや練り回しを盛大に執り行う。毎年モハッラム月の初めの10日間、とりわけタースーアーとアーシューラーの日には、エマーム・ホセインの服喪儀礼やナフル巡行に参加しようと、遠近問わずあちこちの街や村から人びとがアブヤーネを訪れる。

アブヤーネには2基のナフルがある。すなわち、下村の「ヘルデ」地区の人びとが所有するナフルと、上村の「パル」と「ヨスモン」という2つの地区がもつナフルである。どちらのナフルもホセイニーエで保管されており、下村のナフルはヘルデ地区のホセイニーエ、上村ではパル地区のホセイニーエにある。それぞれのナフルには、ナフルを管理し飾り付けを行う「ナフルのバーバー」とよばれる人物がいる。ナフル用に寄進された布や装飾品を取りまとめて管理し、それらを用いてナフルを飾り付けるのが、彼らナフル師《バーバー》のつとめである。

◆ナフルの飾り付け

モハッラム月の8日目、それぞれのナフル師は、おのおのの地区のナフルを飾るための装飾品が収められた特別の箱ないし布包みを保管場所から取り出し、ホセイニーエに持参する。ナフル師はホセイニーエにおいて、地区の長老たちが

アブヤーネ村遠景、2014年

見守る中、助手の者たちとともに飾り付けを行う。ナフルの躯体を緑や赤の布や絹製の厚手の布やショールを用いて覆い、ナフルの前側の面には貴重な装飾品の数々を取り付ける。たとえば、鉄兜、「コラー・ナフル」とよばれるフェルト地の帽子、銀製の胸飾り、コインをちりばめた胸元飾り、腕輪、アンクレット、ブレスレット、イヤリング、ハルモフレ※訳注174などの数珠玉を連ねたもの、鈴、飾り房など、多種多様である。後ろ側の面は鏡による装飾が施される。ナフルの飾り付け作業はタースーアーの日の正午までに終わる。タースーアーの日のナフルには色とりどりの金糸織の布をかぶせるが、翌日のアーシューラーの日になるとナフルの覆いは黒い布になる。

◆ナフル巡行

ナフルを持ち上げ、動かすにあたっては、1人がナフルの上に座り、数名の者がナフルの下へと入って担ぎ棒を握り、地面から持ち上げて肩に担ぐ。ナフルに座乗した者は、アブヤーネの各地区のでこぼことした狭い通りを練り回す際に、担ぎ手たちの案内役をつとめる。担ぎ手たちをうまく導いて、ナフルがあちこちの通路や路地の壁にぶつからないようにするのである。人びとがナフルに持ち寄

※訳注174……ターコイズブルーの釉薬を使った陶製のビーズ。ゴムの街の特産品で、邪視除け守りとして使われる。

る願掛けのふるまい物や喜捨を集め、そうしたおふるまいを服喪儀礼の参加者や見物人に配る際も、音頭を取るのはやはりナフル座乗者である。

ナフルへの座乗は昔から、アブヤーネにあるいくつかの地区の、ある一部の家系の特権であり、その家の者たちの間で世代から世代へと伝えられてきた。何十年もの時を経た現在、一族が人数的に膨れ上がり、男子の成員が増えたことで、そうした家系の出であっても10年から12年に一度、その一族の中の1名がようやくナフルの上にあがれるという場合もあり、皆が毎年ナフル座乗の栄誉に浴すことはできなくなっている。

ナフルを動かす際に担ぎ棒や脚部を預かるのも、複数の地区の特定の家門限定の役割である。たとえば、［上村の］ナフルの担ぎ手は6家で占められおり、パル地区から3家、ヨスモン地区から3家、という具合である。そうした家の出の者たちは、モハ

普段のアブヤーネのナフル

ッラム月の服喪儀礼の際にナフルの脚部を担ぎそれを練り回すのは自分たちの父祖伝来の責務であると考えており、彼らの同意や許可がない限り、他の者がナフルの下に入って彼らの名の元にある担ぎ棒を手に取ることは、不可能なのである。

◆タースーアーの日のナフル巡行儀礼

タースーアーの日の朝、〔下村の〕ヘルデ地区から胸打ちの一行が「ガーセムの旗じるし《アラム》」とよばれる赤い布で覆われたシャッデつまりアラムを掲げ、地区の通りを出立し、古くからの伝統にのっとって「パルセ」を行う。パルセ・ラフタン、パルセ・ザダン〔という複合動詞〕は、長い道のりを行くことの謂いである。このアラムのお練り《アラムギャルダーニー》の一行は、その年に身内に不幸があり、喪中であるというしるしに門前に小絨毯を敷いた家へと向かう。そうした家の前に来ると、一行はその場にしばらくとどまって、挽歌やクルアーンの序章《ファーテヘ》※訳注175を詠唱し、その家の者からのもてなしを受けたのち、さらに先へと進む。〔上村の〕パルとヨスモンの両地区からも、若衆の一行が自分たちの地区の通りへと繰り出すが、この一行は練歩きを行うとともに、「ジャクジャケ」あるいは「ジャーグジャーガー」打ちとよばれる儀礼を執り行う。これは〔標準ペルシア語であれば〕ジェグジェゲ打ちであ

※訳注175……ファーティハ。「開扉章」「開端章」などと訳される。7節と短く、脚韻を踏む。日々の礼拝での詠唱が義務とされ、死者の冥福を祈る際にも皆で唱える。「慈悲あまねく慈悲深きアッラーの御名において　称賛はアッラーに帰す、諸世界の主に　慈悲あまねく慈悲深き御方、裁きの日の主宰者に。あなたにこそわれらは仕え、あなたにこそ助けを求める。われらを真っすぐな道に導き給え、あなたが恩寵を垂れ給うた者たち、（つまり）御怒りを被らず、迷ってもいない者たちの道に。」中田監修、29頁。

り、専用の木のブロック《ジェグジェゲ》2つを互いに打ち合わせる。「パールサー〔つまりパルセ〕のお練り」と「ジェグジェゲ打ち」の道行きはタースーアーの日の正午まで続けられる。その後、隊列の者たちや地区の人びとは、〔下村の〕ヘルデ地区と〔上村の〕パル地区のそれぞれのホセイニーエの門前に参集する。ナフルの引渡しを受け、ナフルのお練りを行うためである。

ホセイニーエでは、それぞれの地区のナフル師がナフルを担ぎ手たちに託し、ナフルは担ぎ手たちの手によってホセイニーエの外に運び出される。外に出ると、その地区のナフル座乗が許された家の者1名が、ナフルの上にあがり、持ち場につく。そして、鎖打ちの隊列を従え、シンバルの音や挽歌の声とともに、ナフルは動き出す。担ぎ手たちは日没まで、地区の有力者や長老たちが先導する中、ナフルを地区内の決められた地点を通って練り回し、その後、ホセイニーエへと戻ってくる。タースーアーの日のナフルは一度たりとも地面に置かれることはなく、担ぎ手たちは午後の間ずっとナフルを肩に乗せたままである。担ぎ手が疲弊すると、意気軒昂な者がそれに取って代わってナフルを担ぐ。また、ナフルの通るルートは往路と復路では異なっており、同じ道筋を再度通ることは不吉だとされている。

上…タースーアーの日にアブヤーネの村を経巡るナフル
下…アブヤーネのジェグジェゲ打ちに参加する子どもたち

◆アーシューラーの日のナフル巡行はより入念かつ盛大に執り行われる。

アーシューラーの日のナフル巡行はより入念かつ盛大に執り行われる。日の出前、夜が白々と明けるころ、胸打ちの一行がランプやカンテラを手にアブヤーネの各地区を出発し、「日の出の吟誦《トルーハーニー》」を行って、アーシューラーの日に何が起きたかを人びとに思い起させる。日の出の吟誦が終わると、ヘルデ地区、パルとヨスモンの両地区のナフルの担ぎ手たちや服喪隊列の者たちは、それぞれのホセイニーエからナフルを出御《しゅつぎょ》させ、日が没するまでの間、鎖打ちの隊列とともに各地区を経巡る。この日のナフルは、アブヤーネの有力者たちが絨毯に座って待つ小休止点や、喪中の家々の戸口で、地面の上に置かれる。こうした停留地点においては、喜捨をする者、願掛けの者、皆がふるまい物をナフルのもとへと持ち寄り、ナフル座乗者に託す。ナフル座乗者はそうしたふるまい物を鎖打ちの男衆など服喪の一行に配り渡す。この場所では、身内を亡くした遺族のために、参加者全員が故人を偲んでクルアーンの序章を詠唱し、故人の冥福を祈るなどして、死者に対して敬意を表し、代々受け継がれてきたつとめを果たす。

このような停留地点では、地区の人びとが隊列の者たちをお茶や、シロップ特に「アヴガンド」とよばれる砂糖水、果物、「ナーン・ザルド〔黄色いナーン〕」

という名の特別なナーンでもてなす。正午にもこうした小休止の場所で一行の昼食がふるまわれる。

　シロップは銅製の大鉢に注ぎ入れ、それを巨大な銅製の盆に置き、周りにガラスや陶製の碗とスプーンを並べて、ナフルのところに持ってくる。ナフル座乗者が数名の者とともにシロップを碗によそい、居並ぶ有力者たちや、哀悼歌の吟唱や鎖打ちやナフル担ぎの一行の者たちに、より敬意を集めている者から順に配り歩く。

　アーシューラーの日の夕刻、ナフルはそれぞれのホセイニーエに帰還する。ナフルの担ぎ手たち服喪隊列の一行は、両ナフルをそれぞれのナフル師《バーバー》の手にゆだねると、村の参詣地であるエマームザーデ・マアスームをおとない、そこでも服喪儀礼を行う。ナフル師はおのおののナフルから装飾品や覆いの布を取り外し、専用の包み布か小箱におさめ、保管場所へと戻す。こうした一連のつとめをまっとうしたナフル巡行関係者は、うち揃って、各ナフルの座乗者がそれぞれの地区の特別な場所に設けた晩さんの宴席へと向かう。

　昔は、〔アーシューラーの日が日没によって翌11日に入ったその夜の服喪儀礼である〕シャーメ・ガリーバーンが終わった後、ナフル座乗者はそれぞれの地区において、ナフルの管理人たるナフル師《バーバー》とその助手、ナフルの担ぎ手たちを晩さんの席に招き、まぜ飯《ポロウ》でもてなしたものであった。今ではそうした晩さんの供応はさらに裾野を広げ、ナフルを担いだ者、鎖打ちの者、哀悼歌の歌い手の皆が招待されるようになっている。※巻末参考文献47

カーシャーン

◆ナフルの飾り付けと練り回し

カーシャーンにおけるナフル巡行の歴史は古い。カーシャーンでは街区ごとにナフルを保有している。ナフルは各街区のホセイニーエで保管され、そのホセイニーエもしくは街区の名前でよばれている。文献によれば、カーシャーン最大のナフルは、サレパレ・ホセイニーエのナフルすなわちサルパレのナフルである。（補30）

カーシャーンにおいては、ナフルのお練りの儀礼は、アーシューラーの夜と日中、エマームの初七日の夜（モハッラム月16日の夜）に執り行われる。※訳注176 巡行に先立ち、ナフルに黒い覆いをかぶせ、その周りに緑色の太い帯を巻き、カシミアや金糸

※訳注176……1日は日没に始まり日没に終わる。

織の布、鏡、ランプ、短剣、剣、盾を飾る。そして、ナフルの前側の面の上部に緑色のターバンが載せられるが、これはエマーム・ホセインのターバンを象徴している。

各街区の服喪隊列は、アーシューラーの夜とエマームの初七日の夜にナフルを担ぎ上げ、胸を打ち鳴らし哀悼歌を詠じて、旧市街のタキーエやホセイニーエ、参詣地をあちこち巡って歩く。アーシューラーの日中のナフル巡行は極めて壮麗に行われる。ナフルはバーザールとエマームザーデ・ハビーブ・エブネ・ムーサー廟を巡り、元のホセイニーエの御座所へと還御する。サレパレのナフルの一行は、ナフルに付き従って大きな万灯《チェルチェラーグ》も練り回す。ナフルに願を掛けてヒツジやウシを捧げる者は、ハビーブ・エブネ・ムーサー廟の内庭においてナフルのそばで家畜を屠り、供物とする。※巻末参考文献48

カーシャーン県の一部の集落やナラーグ※訳注177では、信徒の長アリーの殉教日であるラマザーン月21日や、預言者の命日でありエマーム・ハサン・モジタバーの殉教日にも当たるサファル月28日においても、ナフル巡行が挙行される。※巻末参考文献49

※訳注177……マルキャズィー州デリージャーン県。カーシャーンの西70㎞ほどにある標高2150mの山間の小さな街。

※訳注178……スーフィー（イスラーム神秘主義者）が托鉢の際に用いるヤシの実型の鉢。

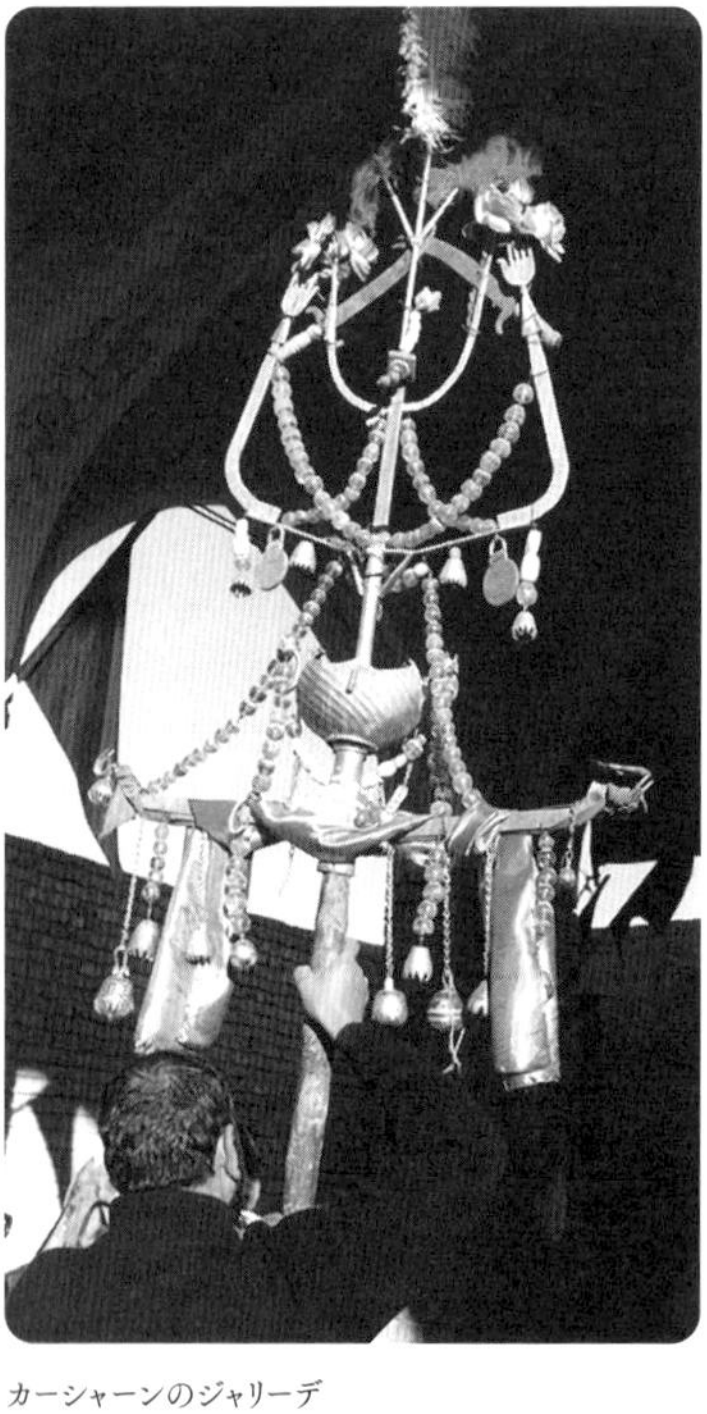

カーシャーンのジャリーデ

カーシャーンのジャリーデの図解

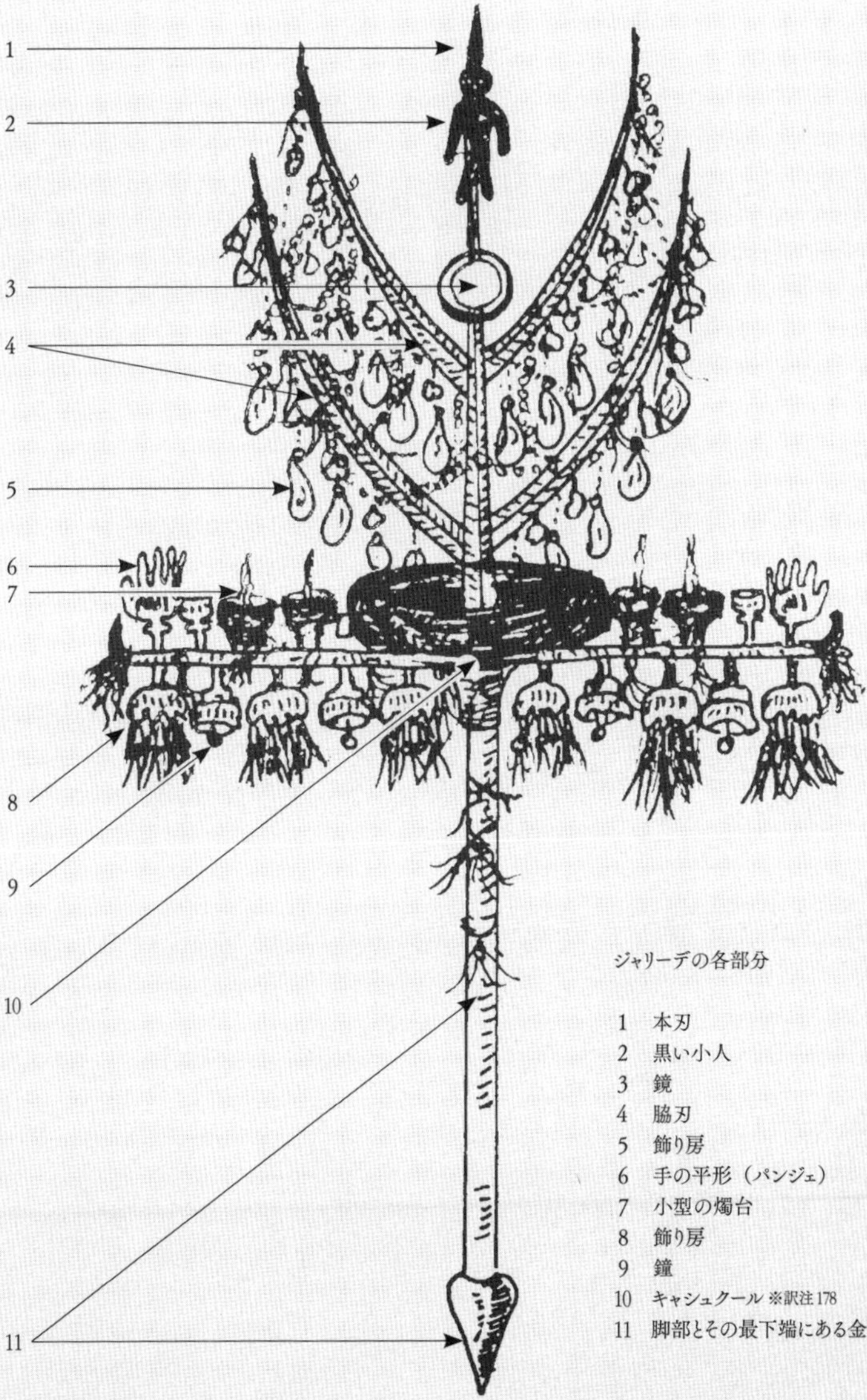

ジャリーデの各部分

1 本刃
2 黒い小人
3 鏡
4 脇刃
5 飾り房
6 手の平形（パンジェ）
7 小型の燭台
8 飾り房
9 鐘
10 キャシュクール ※訳注178
11 脚部とその最下端にある金属部分

メイボド※訳注179

メイボド(補31)の街のナフル担ぎ・練り回し儀礼はとりわけ盛大かつ壮麗である。メイボドの街区のそれぞれがナフルを保有しており、各街区住民の文化的嗜好に即した独特の手法で飾り付けを施されたナフルは、決められた日にこの地では「メイダーン」とよばれるホセイニーエ(補32)から担ぎ出され、聖所や墓地を巡ったのち、帰還する。フィールーザーバード区はメイボドでも名の通った大きい街区であるが、この街区で行われるナフル巡行儀礼については、モハンマドサイード・ジャーネボッラーヒー氏のフィールドワークに基づく研究報告に詳しい。※巻末参考文献50 ここではその研究報告からの抜粋を示そう。

◆フィールーザーバード区におけるナフル巡行儀礼

フィールーザーバード区は、サルバーラー地区とダルヴォグ地区という2つの小地区に分かれている。フィールーザーバード区のメイダーンすなわちホセイニーエはダルヴォグ地区にあるが、フィールーザーバード区のナフルの保有者はサルバーラー地区の人びとである。他の街区ではメイダーンで保管されるナフルであるが、

※訳注179……イラン中央部のヤズド州メイボド県の都市。州都ヤズドの北西48㎞に位置。

※訳注180……財産寄進制度の一種。不動産等の私有財産から得られる収益を、モスク、隊商宿、公衆浴場等の宗教・公共施設の管理など慈善事業に充当するよう設定し、寄進者はその財産に対する所有権を放棄する。

ここではナフルをヴァグフ〔ワクフ〕※訳注180財として寄進した人の遺言に基づき、ダルヴォグ地区のメイダーンではない場所、つまり、サルバーラー地区内の特別な場所で保管されている。

モハッラム月初日の昼過ぎに、ダルヴォグ地区の人びとはナフルをサルバーラー地区から自分たちの地区のメイダーンに運ぶ。そして、アーシューラーの日の午後になると、ナフルはサルバーラー地区の人びとの手で元の場所へと戻される。以下に、ナフルの渡御と還御の儀礼、そしてナフルの装飾やお練りの作法について見てみよう。

◆ナフルの渡御

まず始めに、太鼓とラッパの音が人びとにサルバーラー地区のナフル御座所への参集を告げる。群衆が集まると、ナフルはひらけた場所へと運び出され、人びとがナフルに相対して地面に座る。すると、ナフル師《バーバー》（ナフルにはそれぞれ、1人か2人のナフル師がいる）がナフルにのぼり、パー

メイボドの街。ナーリーン城砦からの眺め。1998年

デとよばれる担ぎ棒の上に立って、クルアーンの序章《ファーテヘ》を朗詠し、自身の父祖でもある先達のナフル師たち一人ひとりの名を称える。ナフル師が一つ名前を称えるごとに、居並ぶ者たちはそのかつてのナフル師の冥福を祈ってファーテヘを詠ずる。ファーテヘ朗詠が終わると、ふたたび太鼓とラッパが鳴り響き、数名の者が「お渡り《ジャー・ベ・ジャー》」と呼ばわって、ナフル担ぎ上げの時が到来したことを人びとに知らしめる。この呼び声を耳にするや、その場で待ち構えていた屈強な男たちがナフルの下へと入っていく。ナフルを担ぐことができない者たちも何らかの役割を担っており、ナフルの担ぎ手たちの靴や衣服を集めて回る者もあれば、ナフルのお渡りの道すがら、石やレンガ片などを拾っては取り除く者もある。

　ナフルが担ぎ上げられると、楽隊がアラムとアラム・ナマド（補33）を奉じた先鋒隊とともに出発する。アラム・ナマドはこの地区の人びと独自の旗じるしであり、ナフルの一行の先頭を進む。ナフルの上には2人のナフル師が乗り、電線や木などのナフルの通り道にある障害物を脇に退かせる。

　ナフルは、前方に男衆と楽隊、後方には女性陣を従えて、フィールーザーバード区の狭い小路をいくつも通り抜け、ダルヴォグ地区の大メイダーンへと渡御する。メイダーンに入ったナフルはキャラク（補34）の周りを3周した後、メイダーンの一角に置かれ、人びとがその御前で「ジューシュ・ザダン」※訳注181という服喪儀礼を行う。その際、「トゥージューシーハーン」※訳注182とよばれる者がナフルにのぼって担ぎ棒《パーデ》上で群衆の前に立ち、「ヤー、ホセイン！　ヤー、ホセイン！」と呼ばわる。人びとはそれに対し「シャーヘ・シャヒーダーン、ホセイン〔殉教者の王、ホセイン〕」と呼応する。
その後人びとは、頭を叩き、上下に跳躍しながら、トゥージューシーハーンが挽歌を詠唱するごとに、その挽歌の一節をこのように復唱する。

トゥージューシーハーン：われらの心と命は燃え尽きた
群衆：ホセイン様の奪われし命の悲しみに

トゥージューシーハーンによる挽歌詠唱の後を引き受けるようにして始まるのが、ナフルの内側に座した御詠歌うたい《チャーヴーシーハーン》による御詠歌で、出だしの一節は次のようなものである。

おお、わが首は御身の投げ縄に捕われたり、ホセイン様よ
ホセイン様の首を落としたる、かの犬畜生に呪いあれかし！

※訳注181……「怒りをたぎらせる」という意味。
※訳注182……「たぎる怒りの中で詠う者」という意味。

この御詠歌《チャーヴーシーハーニー》の詠唱の段になると、人びとは静かにその場にしゃがみ、ひたいに手を当て、悲しげにこうべを垂れる。この状態は、トゥージューシーハーンがふたたび「ヤー、ハサン。ヤー、ホセイン」の声とともにキャルバラーの別の殉教者のための挽歌をうたい始めるまで続く。このようにしてキャルバラーの荒野で痛ましい殉教を遂げた者全員に対して挽歌が捧げられ、その合間合間にチャーヴーシーハーンの御詠歌が入る。この儀礼は〔8代目エマーム〕エマーム・レザーに思いを致す、次の挽歌で締めくくられる。

トゥージューシーハーン：聖なるマシュハドの街で
群衆：エマーム・レザーは　異邦人なり
トゥージューシーハーン：異邦人なり、異邦人なり
群衆：病《やまい》を得、医者もなし
チャーヴーシーハーン：異邦人　悲嘆にくれるは　かの地なり
異邦人　壁に向かうは　かの地なり
異邦人　枕辺たるや　日干しのレンガ　ただひとつ
涙する母御とてなし

◆ナフルの飾り付け

ナフルの飾り付けはモハッラム月の2日から開始され、2～3日を要する。かつて、この作業にあたっては、子どもたちが大活躍であった。ナフル用の何百ものお飾りの取り付けには、その軽重を問わず、すべて子どもたちが各家庭や願掛けのふるまい物の中から集めて回った紐が用いられていた。

この「ドミー」とよばれる紐(糸車で紡いだ木綿の紐)を集めるため、子どもたちはモハッラム月2日の朝、数名の集団を作り、アラムを手に街区の小路を回っては、各家の戸口で一同こう唱和した。

アッバースの兄のホセイン様　お慕いするなら　ドミーを出せよ!
ひかりかがやくホセイン様　お慕いするなら　出さなきゃ駄目よ!
お空のようなホセイン様　お慕いするなら　出さなきゃ死ぬよ!
ないならないで借りてこい　糸車　お納めすると　願掛けよ!!

その家の者が巻玉か紐状のドミーを子どもたちに与えると、そのお礼として次のような詩を詠う。

家の土台《パーシュネ・ハーネ》はレンガ敷き《アージョレ》
家のあるじ《サーヘブ・ハーネ》はお大尽《タージェレ》！

紐がもらえない場合の詩はこうなる。

家の土台《パーシュネ・ハーネ》は草木敷き《モウレ》
家のあるじ《サーヘブ・ハーネ》は邪教の徒《ゴウレ》！（補35）

もしくはその家の者をそしる別の詩を詠うこともあった。

子どもたちが集めて回った紐をメイダーンに持って行くと、メイダーンでは、一人の者が紐を必要な長さに切りそろえ、縒《よ》りをかけ、緑色と黄色に染めたのであった。近年ではもはや紐を集めて回る者もなく、必要な紐はバーザールで調達する。（補36）

メイダーンの管理人《バーバー》とナフルの親方《バーバー》は、メイボドの街にある他のメイダーンのバーバーたちの助けを借りて、次の手順でナフルの飾り付けを行う。

1. 鏡の取付け。ナフルの周りとタビーゼ（補37）に、人びとの寄進による鏡を何枚も取り付ける。タビーゼの上の部分にも鏡を1枚取り付けるが、これは初代ナフル師のバーバー・シャフィーがヴァグフとして納めたもので、「オサーミーの鏡」として知られている。

2. 剣の取付け。鏡と平行する形で、同様にナフルの周りに多数の剣を取り付ける。

3. 木製の短剣の取付け。鋼鉄あるいは鉄製の短剣も何振りか飾られる。

4. シンバル。剣の取付け部分と短剣の取付け部分の境目に据え付ける。

5. 盾。剣と短剣の間の空いているスペースに飾る。

6. サブル（〔標準ペルシア語の〕サルヴ、つまり糸杉の方言形。〔RとB/Vの音に〕音位転換が生じている）。サブルは木製で、糸杉に似た形をしており、その枝葉は互いにくっつき合った何本もの細かな槍である。人びとの考えでは、この細かな槍はエマーム・ホセインの身体を射た矢を象徴している。サブルはナフルの前側の面に据えられる。
7. ナフルの最頂部に金属製の十字形のトゥーグを配置する。
8. お碗状の銅製の鐘を、ナフルの前と後ろに挟まれた胴体部分にあってナフルを支えている軸や柱に取り付ける。
9. アラムの取付け。ナフルの縁取り部分全体、タビーゼの城の胸壁のような凸凹の一つひとつの間に、緑色か黒色の小さいアラムか旗を1本ずつ取り付ける。
10. ナフルの胴体部分を黒い幕で覆う。

飾り付けが終わったナフルは、アーシューラーの日までメイダーンに安置される。モハッラム月の8日目と9日目の夜、胸打ちと鎖打ちの儀礼に続いて、人びとはナフルを担ぎ上げ、メイダーンの内部でキャラクを中心に2度3度回る。アーシューラーの日はナフルを外に持ち出し、街区を練り歩く。

メイボドのフィールーザーバード区における
ナフル飾り付けの様子

◆ナフルのお練り

アーシューラーの日、ナフルはメイダーンの外に出され、街中を経巡る。まずはメイダーン内部でキャラクを3周する。その後、ナフルを地面に置き、タビーゼを取り外すのであるが、これによって小路が通りやすくなり、重量も減り、飾りの鏡が破損することもなくなる。かつてメイボドの街に大きな通りが存在しなかった時分は、ナフルの通過ルートはすべて狭く細い小路であったため（補38）、ナフルは途中で幾度となく地面に置かれたものであった（補39）。

ナフルを担ぎ上げる際、願掛けの者たちがナフルの前に列をなし、持ち寄ったヒツジを屠る。古くからのしきたりにより、切り落とされたヒツジの頭部は、この服喪期間中にライオン※訳注183に扮する地元の床屋に渡される。床屋はヒツジの頭部を調理し、御利益《バラキャト》があるものとして街の有力者や長老たちの家に持参する。受け取った者たちの方も、その礼として、金銭や菓子を床屋に与える。

ナフルが最初に訪れるのは、メイダーンから3kmほどのところにある、ソルターン・ラシード廟（補40）と上つ方の墓《マザーレ・バーラー》である。この墓はナフルを最初に作った初代ナフル師が葬られている場所とされており、この墓にナフルのお渡りがない年は人びとに災いが降りかかると信じられている。

※訳注183……殉教劇には、ホセインの亡骸を敵から守るライオンが登場する。通常は着ぐるみのライオンであるが（右写真）、大がかりな舞台では本物のライオンが現れることもある。

ナフルは巡行ルートとなっているそれぞれの地区で人びとの尊崇を集める。屋上からバラ水や糖菓子《ノグル》を振り撒く者もあれば、ナフルに供犠をするとの誓いをていた者が願解《ほど》きとしてナフルの御前でヒツジを屠ることもある。

ナフルが元の御座所に戻され、アーシューラーの日のナフル巡行行事が終わると、ナフルに飾り付けられていた装飾品のほとんどが取り外される。ただし、メイボドの他の街区では、ナフルはその街区のメイダーンの外に持ち出されることはなく、ナフルのお練りはメイダーンの内部で執り行われるのであるが、そうした街区のナフルは［モハッラムの翌月の］サファル月の末になってから装飾品の取り外しが行われる。

ザヴァーレ※訳注184

◆ナフルの飾り付け

ザヴァーレの街（補41）におけるナフル飾り・練り回し儀礼には長い歴史がある。この古く伝統的な街においては、年に2回、モハッラム月およびサファル月に入

※訳注184……エスファハーン州アルデスターン県の街。現地ではザッヴァーレとも発音する。

左…飾り付けを終えたザヴァーレの小ホセイニーエのナフル

る直前に、ナフルの装飾が行われる。この2つの服喪月に入ると、ナフル飾りを行う者たちは、ザヴァーレのホセイニーエ管理人の指示のもと、ナフルを「ナフルの聖壇（補42）」という名で知られる檀上に据え、色とりどりのスカーフや布、ベイラムやアラムといった旗じるしを用いて飾り立てる。

飾り付けに際しては、まず始めにナフル前面に張った板のうえに半球型の飾り20個を取り付ける。それから、寄進によって集められた色とりどりの布やスカーフを2枚1組にして互いの端を結び合わせ、ナフル胴体の網目状になった部分に掛けていく。そのうえで、1枚の黒い大きな覆い布をナフルの天頂部分から掛けるのであるが、それにより色とりどりの布やスカーフは部分的に覆い布に隠された状態になる。

ナフル前面の板にはランプや鏡や装飾品、さらには聖壇にあったベイラグ旗が取り付けられる。そのベイラグは15本ほどあり、それぞれの先端部分は金属製のトゥーグ（190ページの補10参照）もしくは手の平形《パンジェ》（187ページの写真参照）である。

ナフルの左右両脇には、他のベイラグよりも背が高くて大きいベイラグ2本が設置される。この両ベイラグは「ナフルの耳飾り」とよばれており、それぞれが2つの脚部をもち、3つの部分から成り立っている。「主要部分は色とりどりの布で飾られ、他のベイラグのそれよりも高さがある。これに続く部分は、主要部分から斜め45度に突き出た木製の棒で、黒色もしくは緑色の覆いが掛けられている。3つ目の部分は「アラム・ラムセ」とよばれており、鉄製で、弾性がある」。ナフルのその他の付属部位としては、ナフルの前面上部のトゥーグをもつ小アラムや、その周りに配置された2本の格子状の大アラムがある。

◆ナフル巡行

毎年4回、つまりタースーアーの夜、アーシューラーの夜、アーシューラーの日の午後のエマーム・ホセインの殉教劇《タアズィーエ》の開始前、そしてサファル月28日のエマーム・ハサン・モジタバーの殉教劇《タアズィーエ》の開始前に、ナフルは担ぎ上げられ、練り回しが行われる。最も盛大に行われるのは、アーシューラーの午後のナフル巡行儀礼である。まず、ナフルの聖壇において半時間ほど太鼓やシンバルが打ち鳴らされるのであるが、その演奏の仕方は次のようなものである。手始めに、太鼓を3打。太鼓の3打目と同時に、シンバルを1打。続き、太鼓とシンバルを軽く1打。このような調子で繰り返される太鼓とシンバルの打ち鳴らしは、居並ぶ者たちの気分を高揚させるとともに、ナフルの担ぎ手たちにお練りの開始を告げるのである。

巡行に際し、ナフル前面の4本の担ぎ棒を担うのは預言者の子孫《サーダート》と決まっている。その他の担ぎ棒は素足の農民たちが担ぎ、「ヤー、ホセイン。ヤー、ホセイン」の掛け声とともに練り回す。

ナフルを先導するのは、数本のベイラグ、アラム・ラムセ、そして黒布で覆われたひつぎである。このひつぎは「アマーリー輿」とよばれており、エマーム・ハサン・モジタバーのひつぎであるとされる。ベイラグとアマーリーの間を行く服喪の一団は、そのほとんどが老爺で、首には黒いショールをかけている。そのショールを打ち振りながら悲しげな調子で繰り返すのが、次のような挽歌である。

悼むべし　われらの長《おさ》　いたわしや　やれ、いたわしや
マフシャル※訳注185に　現れたるは　ザフラー様よ　いたわしや
黒衣の天使　従えて　いたわしや　やれ、いたわしや

ここでお辞儀をし、さらにこう続ける。

いたわしや　いたわしや
預言者様《モスタファー》の御歯をば　いたわしや　いたわしや

※訳注185……最後の審判の際に人びとが集まる場所。イスラームの終末論では、現世が終わると現世での所業が神によって裁かれ、来世が楽園になるか火獄になるかが決定される。死者は墓からよみがえり、裁きを待つ。

左…ザヴァーレの大ホセイニーエにおけるナフルの練り回し

花の如くに　手に置かれ　いたわしや　やれ、いたわしや
アリーの御髪《おぐし》のターバンを　いたわしや　いたわしや
御手に取られ　いたわしや　やれ、いたわしや
ハサンのまといし御衣　いたわしや　いたわしや
御手になさるも　いたわしや　やれ、いたわしや

お練りの儀礼を終えたナフルは、担ぎ手たちの肩から降ろされる前に、ホセイニーエの一段高い場所で何度か回った後、太鼓とシンバルの激しい連打の中、段上に安置され(補43)、その周りにはベイラグやアラムが配される。かつては、ホセイニーエの建物にあるエイヴァーン〔イーワーン〕※訳注186とエイヴァーンの間の柱の足元に1本ずつベイラグを据えていたものであるが、最近はホセイニーエの内部が人びとで過密になり場所が足りないため、ベイラグはすべて段上のナフルの左右に配置されるようになった。

ナフルが段上に据えられると、その傍らに立った者がこう詠う。

ひとつとせ　わたくしからの　ご挨拶

※訳注186……モスクなどのイスラーム建築に特徴的な構造の一つ。カマボコ型の天井を持つ方形ホールで、四方のうち一方が中庭や戸外に向けて大きく開放されているもの。サーサーン朝建築に由来。

ホセイン様の　説教壇
ふたつとせ　わたくしからの　ご挨拶
ホセイン様の御為に　ここに集いし　皆々様
みっつとせ　わたくしからの　ご挨拶
預言者様の　御末裔
誰もかれもが　端くれなれど　そを統べたるは　ただひとり
橋※訳注187の上　お渡しくださるお方こそ
アフマド・マフムード・アボルガーセム・モハンマド！

一同、預言者モハンマドの名を耳にするや、サラヴァート※訳注188を唱和する。その後、先ほどの者がトゥーグをもつアラム・ラムセをナフル上部に取り付ける。エマーム・ホセインの殉教劇《タアズィーエ》が演じられた後、ナフルはその本来の御座所である聖壇へと戻されるのであった。※巻末参考文献51

※訳注187……火獄の架け橋スィラートのこと。髪の毛より細く剣よりも鋭いとされ、復活の日に信徒はこれを渡って楽園に至るが、不信仰者は落下する。

※訳注188……預言者の名が出たときに独特の抑揚をつけて唱えられる頌詞「彼トソノ一門ニ神ノ祝福ト平安アレカシ！」。

セムナーン[※訳注189]

◆街区の区分けとタキーエの飾り付け

その昔、モハッラム月になるとセムナーンの街はナーサール、ラティーバール、エスフェンジャーンの3つに大きく区分けされた。この3つの区域には、それぞれ数多くのタキーエが属しており、ナーサール区域ならナーサール（サルサフト）、アッバースィーエ、上コハンデジュ、下コハンデジュといったタキーエ、ラティーバール区域であればラティーバーレ・サルマハッル、ホシュニヤーン、アルガーナーバード、チューブマスジェド等のタキーエ、そしてエスフェンジャーン区域の場合はパフネ、エマームザーデ・ヤフヤー、旧チャーレ・ホセイン、ホセイニーエイェ・アーザムなどの各タキーエといった具合である。

どのタキーエも、モハッラム月に入る前に飾り付けが行われ、モハッラムの服喪儀礼に向けての用意がなされた。屋根代わりの天幕を張り、床を絨毯敷きにし、ビロードや絹の幕、黒布、横断幕、エマームの聖像画で、壁や桟敷席や壇を飾った。

※訳注189……セムナーン州の州都。セムナーン州はテヘラン州の東に位置し、北側にはアルボルズ山脈があり、南側はキャヴィール塩漠に面す。セムナーン市は首都テヘランとイラン第二の都市マシュハドを結ぶルート上にある。

◆ナフルかしげ

セムナーンのそれぞれのタキーエにはその街区の人びとの服喪儀礼用ナフルがあった。モハッラム月9日の午後になると、各街区の人びとは、自分たちのタキーエの願掛けの布切れやらハンカチやら紐やらがたくさん結び付けられたナフルを「ヤー、ホセイン。ヤー、ホセイン」という大音声とともに担ぎ上げた。ナフルは、胸打ちの隊列とともに地区の小路をいくつも通過し、チャーパールハーネ区へと渡御した。日没が近づくと、それぞれの街区の隊列は自分たちのナフルを担ぎ上げ、チャーパールハーネを発ち、とある細い小路へと運んで行った。その小路には1本の木の棒が横に渡してあり、それがセムナーンの街を上区域と下区域に二分する境界線を表していた。この小路の位置は、現在のセムナーンの街でいえば、ティーランダーズ広場の北西の角である。それぞれの隊列はこの小路に着くと、ナフルの前側の広い面を小路の狭い入口と区境の仕切り棒に正対させ、ぐらりと傾かせたものである。この「ナフルかしげ《ナフルテカーニー》」の儀礼が終わると、おのおのの隊列は自分たちのナフルを地元のタキーエへと還御させた。夜に入ってアーシューラーの1日が始まると、ナフルの周りには朝まで灯り続ける背の高いロウソクが飾られた。

時として、ナフルのお練りの隊列どうしが、ナフルを動かすときや仕切り棒のある小路でのナフルかしげのとき、またはその境界線を通過するときに、その順番を争ったり、果ては以前からの仲たがいの種をもち出してきたりして、こぜりあいや喧嘩を始め、死傷者が出ることもあった。

セムナーンの女性たちの間では、ナフルに願掛け布を結ぶなどして願を掛けることが、広く行われていた。ナフルに願掛け布を結んで祈願成就を訴えるとき、女性たちはこのような詩を口ずさんだものである。

ナフル様　願掛け布を　結んだよ
くるしくて　こまってて
願いを聞いてくれるまで
この手を離すもんですか！

※巻末参考文献52

2　テヘラン州文化圏

テヘラン

◆ナフルの飾り付けと巡行

テヘランでも少し前までは、現在のテヘランのいくつかの街区、たとえばチャーレヘサールやタジュリーシュ、エマームザーデ・ヤフヤー、チーザルなどの名のとおった大街区において、アーシューラーの日にナフルのお練りが行われていた。ナフルの保管場所はそれぞれの区のタキーエであった。アーシューラーの1～2日前になると、ナフルを黒布で覆い、カシミアのショールや高級絨毯、鏡、カンテラ、ランプ、チューリップ型燭台、聖像画、大小のベイラグ旗、キャシュクール鉢、短剣、剣、盾、ターバン、ショールやマント、〔邪視除け守りの〕ナザルゴルバーニー、チェヘルベスメッラーなどで飾り付けを施す。アーシューラー当日は、服喪隊列が装飾され黒布で覆われたナフルを奉じてタキーエから街中へと繰り出し、あちこちの小路やバーザールを経巡ったものである。

ジャアファル・シャフリーが『昔のテヘラン』で報告しているところによれば、ナフル巡行の行列では、地元のオラマー数名が頭にターバンも被らず裸足のままでナフルを先導し、ナフルの後ろには一団の者たちが胸を打ち頭に土をかぶり※訳注190ながら付き従ったという。ナフルの巡行の途上、木の枝や建物の軒、電線や電話線の類いがナフルの道行きを妨害していると、人びとはその障害物を切断してナフルの通り道から取り除いた。※巻末参考文献53

『出来事《ヴァガーエイェ・エエテファーギーエ》』紙※訳注191は、ある年のアーシューラーの日のチャーレへサール区における服喪の様子を描写する中で、以下のように述べている。「タアズィーエ劇や胸を叩き石を打ち鳴らす行列が、チャーレへサール区近郊の各タキーエからやって来たが、それに随伴してナフルやアマーリー輿、アラムやベイラグといった旗じるしが、古くからの作法どおりに、いや、むしろよりいっそう整然かつ色鮮やかに、チャーレへサールの域内に入ってきた。そして、日没3時間後に殉教劇《シャビーフ》が始まり、〔翌日の〕日没の5時間前まで、延々と続いた」。※巻末参考文献54

テヘラン最大のナフルは、ショトルダーラーン（補44）という名で知られる小路のナフルであったらしい。ジャアファル・シャフリーの語るところによると、こ

※訳注190……悲しみの表現。

※訳注191……ナーセロッディーン・シャー期に、宰相アミール・キャビールの努力によりテヘランで発行された石版刷りの週刊紙。第1号は1851年2月7日発行で、イラン発行のペルシア語紙としては2番目に古い。テヘランやイラン国内外の日々の出来事を報じた。

※訳注192……ガージャール朝第5代シャー（在位1896～1907年）。治世の末期にイラン立憲革命が起き、死の床で憲法発布に署名。

モザッファロッディーン・シャー[※訳注192]の治世末期のテヘラン、サブゼ・メイダーンにおけるアーシューラーの服喪儀礼

上…テヘランのタジュリーシュの下タキーエにおけるナフルの練り回し
下…飾り付け前のナフルの骨組み

のナフルには数多くの奇跡譚があり、地元の人びとは困りごとや悩みの解決をこのナフルに求めたものである。このナフルには願掛け結びとしてぼろ切れや布地、紐、錠前、チャールガドやチャードルといった被り物※訳注193があまりにもたくさん結び付けられていたため、毎年ナフルを動かす際には、そうした錠前やら布切れやらの取り外しに長い時間を要した。人びとはショトルダーラーン小路のナフルとその御利益をかたく信じており、身内の病人を一晩ナフルのお膝元で寝かせ、ナフルの留め具と病人の首を糸で繋げて、病気の平癒を願ったものであった。

ダマーヴァンド※訳注194

◆キーラーンにおけるナフルの儀礼

ダマーヴァンドとその周辺の集落におけるアーシューラーの儀礼は、昔からとりわけ盛大かつ華々しく執り行われてきた。この地域の人びとの古い伝統の一つにモハッラム月のナフル巡行儀礼があり、現在でも一部の街で行われている。こ

※訳注193……女性の被り物。チャールガドは頭にかぶる三角形もしくは四角形の布。チャードルは全身を覆う。左図：ガージャール朝期の女性の服装

※訳注194……テヘラン州ダマーヴァンド県アルボルズ山脈の南麓に位置。イランの最高峰ダマーヴァンド山（マーザンダラーン州、標高5610m）の近く。

こではダマーヴァンド県の街であるキーラーンでのナフル巡行儀礼の様子を簡単に紹介する。

◆墓地に向かうナフル

毎年モハッラム月が近づくと、キーラーンのモスクやホセイニーエでは、服喪儀礼や殉教語り集会のため、あるいは胸打ちや鎖打ちの隊列の到来に備えて、黒い布や横断幕やベイラグが飾り付けられる。モハッラム月8日の朝には、数名の者がホセイニーエのナフルの飾り付けを行う。その日の午後、一団の者が輪になり、互いに片方の手を隣の者の腰に添え、足を踏み鳴らしながら、もう片方の手でみずからの胸を打ち、哀悼歌《ノウヘ》をうたう。それから、男たちの隊列が飾り立てられたナフルを肩に担ぐと、その後ろに胸打ち隊、鎖打ち隊、御詠歌隊《チャーヴーシー》、クルアーン詠唱隊を引き連れて出立し、キーラーンの中央墓地へと向かう。その道行きに際し、男たちは入れ代わり立ち代わりしてナフルを担ぎ、決してナフルが地面に置かれることはない。ナフルが通る道では、人びとがナフルのかたわらでヒツジを供犠のために屠り、エスファンドや沈香を火にくべ、煙を焚く。ナフル隊と胸打ち隊と鎖打ち隊のそれぞれの間では、隊の者数名がアラムやコタル（補45）を奉じ

上…ダマーヴァンド。金色のドームのエマームザーデ・イーサーに集まる人びと
下…アリー、ホセイン、アッバースの名が刺繍された旗じるし

て歩く。墓地に着くと、ナフルは地面に置かれ、皆で殉教者※訳注195など亡くなった者たちの墓にクルアーンの序章《ファーテヘ》を詠む。それが済むと、ナフルは再び元のホセイニーエへと還って行く。

◆ナフルのズィヤーラト地区へのお渡り

アーシューラーの日の朝、街中の人がキーラーンの大広場に参集し、キーラーンの各地区から広場にやって来る服喪隊列を出迎える。すべての隊列が集結し、ホセイニーエのナフル担ぎの隊列もその場に到着すると、ナフルを奉じた一団が、いまやお互いに混ざり合って大きな一つの隊列となった服喪隊列を先導するように、エマームザーデ・イーサー廟という参詣地のあるズィヤーラト※訳注196地区へと向かう。キーラーンのナフル巡行隊列は、ズィヤーラト地区にほど近いムーサー谷のあたりで停止し、近隣の村々からやって来る服喪隊列の到着を待つ。村々からの参詣者一行が到着すると、キーラーン隊と参詣者隊の間で挨拶の儀式が行われる。そして、キーラーン隊のナフルが、参詣者の一団とザーン村、ルーマーン村、ウーチューナク村の村人たちによる隊列へと託され、ナフルは彼ら村人たちの手でズィヤーラト地区とそこにあるエマームザーデ廟に運ばれる。

※訳注195……ここでは先の革命や戦争で亡くなった者をさすと思われる。

※訳注196……「参詣」「参詣地」の意。

正午になり、ナフルがエマームザーデ廟の周囲を数度回った後、服喪儀礼とナフル回しは終わりを迎える。このとき、集団礼拝の導師の一人が説法に立ち、殉教語りを行う。その後、皆でエマームザーデの境内に入ってお参りをし、最後に集団礼拝を行って終了となる。

服喪隊列の一行は、全員ズィヤーラト地区で昼食を摂る。ズィヤーラト地区の各家庭で、アバー・アブデッラーことエマーム・ホセインの名のもとに用意された食事をいただくのである。午後、ナフルは再びキーラーンのホセイニーエへと戻っていく。■

※巻末参考文献55

終　章

おわりに

سخن پایانی

神の祝福と不滅のいのちの獲得

永久不変の神話的祖型に基づいて生成される観念

伝統社会の人びとの文化にあっては、歴史は物語と混ぜこぜになり、歴史上の出来事は永久不変の祖型や神話的伝承という形をとるのが常である。一般大衆の物の見方はたいがい歴史を超越した見方であり、歴史を考え、歴史上の出来事や人物や英雄を作り出し、評価するに際しては、神話的な論理が用いられる。ミルチャ・エリアーデはこう述べている。「人びとは、歴史上の出来事に歴史を超越した然るべき説明を求める。それゆえに、歴史を永久不変の祖型へと変換するにあたって、歴史上の人物を類型的英雄に、歴史上の出来事は神話的伝承に、変換するのである」。※訳注197 ※巻末参考文献56 アンリ・コルバン※訳注198の考えでは、イラン人ゾロアスター教徒の「ゾロアスター教の信仰・倫理規範」は「歴史を超越したもの」のうえに築かれており、

※訳注197……著者が引用元として挙げるエリアーデの英訳に該当箇所はなく、引用ではなく著者による要約か。なお、同書の邦訳は、エリアーデ、ミルチア『永遠回帰の神話：祖型と反復』堀一郎訳、未来社、1963年。

※訳注198……Henry Corbin（1978年没）。フランスの哲学者、東洋学者。イスラーム神秘主義思想研究で知られる。

イスラームを篤く信じる者たちの信仰はすべからく歴史を超越していて「超歴史的なもの」すなわち「原初の契約」[※訳注199]に基づいているのである。[※巻末参考文献57]

イランの伝統的文化においてもまた、歴史上・宗教上の出来事の多くが神話的伝承と入り混じり、実在の英雄が神話的性格・様相をそなえ、永久不変の祖型・理念型へと近づけられた。そのような例として挙げられるのが、歴史・宗教物語の書き手たちによる、宗教にまつわる人物や英雄、彼らの人となり、寛大さ、勇敢さ、力強さの描写である。たとえば、受難の書《マグタルノーメ》、悲歌《スーグチャーメ》[※訳注200]、殉教物語《ロウゼ》、殉教劇の脚本《タアズィーエナーメ》、あるいは、ヘイダルの書《ヘイダルナーメ》[※訳注201]、ハーヴァルナーメの名でも知られる東方の書《ハーヴァラーンナーメ》[※訳注202]、アミール・ハムゼの書[※訳注203]といった書物のことであるが、このような宗教書においては、人びとの歴史を超越した論理が史実に依拠した論理にまさっており、歴史上の人物の実際の生きざまや史実としての出来事、宗教上の英雄の殉教の様相といったものは、神話や物語の輝きの陰にかくれてしまっている。

イランのシーア派信徒は殉教者を悼む儀礼の中で、殉教者のひつぎに見立てた物を視覚的に表現し、それを練り回すことで、自分たちの宗教文化における英雄や偉人の受難の記憶を、彼らの死と復活の秘奥を、再生産している。人びとはこのような宗教にまつわる演劇にも似た表現行為において、過去の時代の神聖な事象、父祖か

※訳注199……神と人間の間の契約。神が人間に啓示を与え、人間は神を主とみなし、その啓示に服従する、という約束関係をさす。クルアーンの高壁章172節：また、おまえの主がアーダムの子孫から、彼らの腰からその子孫を取り出し、彼ら自身の証人とならせ給うた時のこと。「われはおまえたちの主ではないか」。彼らは言った。「いかにも。われらは証言します」。（中田監修、202頁）

※訳注200……「スーグ」は哀悼、「チャーメ」は節を付けて歌われる詩。

※訳注201……「ヘイダレ・キャッラール（闘う獅子）」との異名をとるアリーの戦いを描いた英雄叙事詩の総称。

※訳注202……15世紀のフースフ（現在の南ホラーサーン州に位置）出身の詩人エブネ・ヘサーム・フースフィーによる、アリーの東方（ハーヴァラーン）における空想の戦いを描いた英雄叙事詩。

上…ハムゼの書の一部。マーザンダラーンの戦い

フェルドウスィーの『王書』の韻律で書かれ、ペルシア語によるシーア派英雄譚の草分けとされる。

※訳注203……著者・成立期不詳の、預言者の同年輩のおじで戦士として名高いハムゼ（ハムザ）の活劇譚。冒険の舞台は南アジアまで及ぶが、最終的には故郷メッカに戻り、預言者によってイスラームに改宗し、ウフドの戦いで戦死する。

ら受け継いできた風習、宗教上の輝かしい英雄たちの偉業を、あたかも今まさに起こっていることであるかのように、みずからの日々の暮らしの中に蘇らせるのである。

ミルチャ・エリアーデの考えでは、過去に起きた神聖な出来事を演じ、反復するという営為は、その出来事を今の時代に再現させることである。エリアーデは「周期的反復、永遠の存在」※訳注204と題する論考において自身のこうした考えを証明する中で、例を示しつつ以下のように記している。「聖週間の祭式におけるキリストの受難劇、※訳注205つまりキリストの死と復活の演劇は、単にそれらの出来事を記念するだけではなく、こうした出来事は、キリスト教信徒の目の前で再び生起する。ならば真のキリスト教徒は、自分がこうした超歴史的な出来事の同時代人であると感じなければならない。したがって、聖なるものの顕現における時間は、出来事を演じることによって、現実性と存在性を再獲得するのである」※巻末参考文献58。

神の力の象徴としての証しの箱《ターブーテ・シャハーダト》

アブーバクル・スーラーバーディーは自身の名高いクルアーン解釈書の抜粋で

※訳注204……邦訳あり（エリアーデ、ミルチャ『エリアーデ著作集第三巻　聖なる空間と時間』久米博訳、せりか書房、1985年）。

※訳注205……イエスの磔刑、復活、昇天等を題材とした劇。13世紀以降のヨーロッパ各地で流行したが、16世紀の宗教改革で衰微。

※訳注206……11世紀末にペルシア語で書かれたクルアーン解釈書。

※訳注207……イスラエルの民。ユダヤ教徒をさす。イスラエル十二部族はモーセに率いられてエジプトを脱出、神ヤハウェと契約を結び、約束の地カナンを征服したとされる。

※訳注208……イスラームの預言者。聖書のモーセ。クルアーンでは、エジプト王に真の神を認めさせようと、杖を投げて蛇に変えるなどの奇蹟を示したが功を奏さず、イスラエルの民を連れてエジプトを脱出。荒野では杖で岩を打ち、水を湧かせた。

ある『聖クルアーンの物語』※訳注206という著作の中で、以下のように書いている。「至高なる神はエスラーイールの民に勝利をもたらした※訳注207が、その勝因は彼らの奉じた櫃《ターブート》、すなわち、ムーサー※訳注208とハルーン※訳注209――カレラニ平安アレカシ――の遺品であった」。この櫃は、エスラーイールの民が敵との戦いの際に部隊の先頭で奉じたものであった。スーラーバーディーの解釈によると、その中には「ムーサーの杖、ムーサーの石板の破片、ハルーンのターバン、黄金の盥《たらい》」さらには「マンヌ（植物の汁で作られた特別な食べ物）※訳注210の杯一つとサキーネ（静穏、安らぎ）（補46）が一つ。それは頭をもつが、ネコの頭のようで、顔は人間のよう。上には羽根が2本」※巻末参考文献59。

この櫃は、ムーサーが神の命を受けてアカシアもしくはツゲの木、ヤギの毛、ヒツジの皮を用いて作り、内部を純金で装飾したとされる、かの名高い聖櫃のことである。エスラーイールの民はムーサーの遺品であるこの櫃を、「契約の櫃」あるいは「契約の箱」※訳注211、「証しの箱《ターブーテ・シャハーダト》」※訳注212あるいは「証しの幕屋《ヘイメイェ・シャハーダト》」※訳注213とよび、神ヤハヴェの力の象徴と考えていた。※巻末参考文献60 戦いに際して「彼らはその櫃を先頭

キリスト教の聖櫃の線描画

※訳注209……イスラームの預言者。聖書のアロン。ムーサーの兄であり、補佐役。

※訳注210……クルアーンでは神が荒野をさまようイスラエルの民に食物としてマンヌとウズラを与えたとする。聖書ではマーンとよばれ、「白いコリアンダーの種のようで、その味は蜂蜜を塗ったウエハースのよう」とある。

※訳注211……モーセの十戒の石板が入った箱。契約とは、神とイスラエルの民との間の神の律法に従い、神のみを礼拝するとの契約をさす。『出エジプト記』には箱の素材、製法等の詳細な規定があるが、クルアーンには細かい描写はない。

※訳注212……十戒の石板は神とイスラエルの民の契約の証書であることから、この別名がある。

※訳注213……聖書の「会見の幕屋」。神の顕現の場。契約の箱はアカシアの木枠にヤギの毛の天幕を張った

に奉じ、その内部にあるサキーネから声が聞こえてくると、異教徒どもは恐怖のあまり敗走した」[※巻末参考文献61]。

一説によると、サキーネの入った聖櫃は長きにわたりアクサー・モスク[※訳注214]に安置されていた。ナーセル・ホスロウ[※訳注215]はその旅行記[※訳注216]にこう記している。アクサー・モスクの数ある門の一つは「サキーネの門」とよばれている。「その通廊にはたくさんのメフラーブ[※訳注217]をもつモスクがある」。「神――称エラレ崇高タレ――がクルアーンで、天使たちが運んでくると述べておられる」サキーネの聖櫃は、「そこに置かれたという」[※巻末参考文献62]。

イスラーム神秘主義の大家たちの著作によれば、サキーネの意味の一つは神の聖なる輝き・光である。一方、古代イランに書き記されたものではホッレあるいはファッルという語が用いられ、これは神の光を意味する。イラン人の信じるところによれば、神は、そのしもべたち、特にみずからの意にかなった王に対して光《ホッレ》を授けることで、その者を力強く決して敗北しない聖なる存在としたのであった。

ソフラヴァルディー「シェイホルエシュラーグ・シェハーボッディーン・ソフラヴァルディー」[※訳注218]はその『三つの論文』[※巻末参考文献63]において古代イラン人の光《ホッレ》信仰について語っている。ソフラヴァルディーの解釈では、ホッレは人間に力を付与し、強め、心身を輝かしめる光であり、この光をもつ者は他を圧倒する力を得る。この光は、

幕屋の至聖所に置かれた。その後、ソロモン王のエルサレムの神殿に安置されたが、バビロニア軍の侵攻により失われたとされる。

※訳注214……ユダヤ教、キリスト教、イスラームの聖地エルサレムにあるウマイヤ朝期創建のモスク。「岩のドーム」と対をなし、メッカ、メディナに次ぐ聖域ハラム・シャリーフを構成。

※訳注215……1072～78年もしくは88年没。マー・ヴァラー・アンナフル出身のペルシア語の詩人、散文家。メッカ巡礼の『旅行記』で有名。旅の途中で滞在したファーティマ朝期のエジプトで同王朝の奉じるシーア派エスマーイール派の教宣員となり、帰国後ホラーサーン地方で宣教。

※訳注216……引用部分の翻訳は、森本一夫監訳、北海道大学ペルシア語史料研究会訳「ナースィレ・フスラウ著『旅

特に王に賦与される場合、「王の御光《カヤーン・ホッレ》」※訳注219とよばれた。たとえば、アフラースィヤーブは大軍を擁しながらも、「栄光のサキーネ」※訳注220すなわち王の御光を授けられ神の恩寵を受けた聖なる存在であるカイホスロウに敗北を喫したのである。

プールジャヴァーディーは自著『ソフラヴァルディーの照明哲学におけるサキーネの光』※巻末参考文献64においてこのソフラヴァルディーの言葉を分析し、以下のように述べている。「ソフラヴァルディーはこの文脈において、サキーネをホッレ、特に王の御光《カヤーン・ホッレ》と同一のものとみなしているようであるが、クルアーンの「アッラーは彼の上に彼の静謐《サキーネ》を下し、おまえたちには見えない彼の軍勢（天使）によって彼を支え給うた」という一節※訳注221におけるサキーネの意味内容にも意を払っている」。※巻末参考文献65

キャマーロッディーン・アブドッラッザーグ・カーシャーニー（ヘジュラ太陰暦736年〔西暦1329年〕没）※訳注222は、エブネ・アラビー〔イブン・アラビー〕の『叡智の台座』やシェイフ・アブドッラー・アンサーリー・ヘラヴィー※訳注223の『旅人たちの宿駅』の注釈者であり、『スーフィー用語辞典』を著した人物であるが、エブネ・アラビー〔イブン・アラビー〕に帰された著書『聖クルアーン注釈』において、カヤーン・ホッレすなわち王の御光《ファッル》について2度にわたって触れている。それは、雌牛章248節「彼（タールート）の王権の徴《しるし》は、おまえたちに櫃がも

行記（Safarnāmah）』訳注(II)」（『史朋』第36号、2003年12月、37頁）を参考にした。

※訳注217……ミフラーブ。モスクにある、礼拝の方角を示す壁龕。

※訳注218……1191年没。ソフラヴァルド（現イランのザンジャーン州）出身のイスラーム神秘主義哲学者。「照明の叡智」という独自の思想体系を構築したが、異端視を受け、処刑。ゾロアスター教神智学の影響がみられる。

※訳注219……ゾロアスター教の聖典『アヴェスター』では、王が敬神の念や公正さを失うと、この神授の光は王のもとを離れ、王の治世は終わる。

※訳注220……神話時代の王朝カヤーン朝の王の一人。

※訳注221……中田監修、222頁（悔悟章、40節ルビは訳者）。

たらされることである。その中にはおまえたちの主からの静謐《サキーネ》とムーサーの一族とハールーンの一族が残した遺品があり、天使たちがそれを運ぶ」※訳注224について解説するくだりで、1回目は「彼の王権の徴」という語の解釈において、もう1回は「ムーサーの一族とハールーンの一族が残した遺品」という部分の意味について述べる中での言及である。カーシャーニーは王の御光《カヤーン・ホッレ》を聖櫃の内部にあった物と同一であるとみなしており、「ともあれ聖櫃の内部にあった物のうちの一つはサキーネであり、それは王の御光と同一であると考えうる」※訳注225と述べている。※巻末参考文献66

ひるがえって、イランのシーア派信徒が服喪期間中に服喪の隊列を組んでナフルを巡行する慣習に目を向ければ、そこに見て取れるのは、イランの民とエスラーイールの民という古い2つの集団の文化における風習と、キリスト教とシーア派の宗教的慣習が混然一体となったものとが、互いに混じり合っていることを示す点の数々である。ナフル、箱、マフメル輿、アマーリー輿の類いを、死者を悼むひつぎ、あるいは殉教者のひつぎ——殉教者の遺骸をシンボライズしたものを伴う場合も、そうでないこともある——として飾り付ける慣習しかり、剣、盾、兜、鏡など多種多様な象徴的装飾品を用いての装飾しかり、それらナフル等が服喪の隊列とともに街や村の通りを経巡る儀礼しかり。いずれも、大づかみにいって、

※訳注222……1240年没。イスラーム神秘主義者、法学者。『叡智の台座』はアーダムからモハンマドまでのイスラームの預言者の伝記。

※訳注223……1089年没。ヘラート（現アフガニスタン）出身のイスラーム神秘主義者。『旅人たちの宿駅』は神秘主義者が修行により昇る百の階梯を論じたもの。

※訳注224……中田監修、69頁。ルビは訳者。タールートは聖書ではイスラエル王国初代王サウル。

※訳注225……この部分はカーシャーニーではなく、著者が参照したプールジャヴァーディーの見解。

イランの民とエスラーイールの民のそれぞれが古くからもつ行動様式の模倣である。一つは、聖人スィヤーヴァシュの毎年の命日に服喪儀礼を行う際に、スィヤーヴァシュの輿あるいはひつぎを飾り、巡行した、昔のイランの民の習わしやしきたりである。スィヤーヴァシュはその当時、カヤーン・ホッレすなわち王の御光と結び付けて考えられていた。そしてもう一つは、エスラーイールの民の部隊が敵との戦いで勝利するためにムーサーの聖櫃を奉じたという古い慣習である。歴史書においてもこの慣習が模倣であることを裏付ける記述がみられる。たとえば、以下のような記載がある。モフタール・エブネ・アビー・オベイド・サガフィー※訳注226の一行の先頭には「年を経た玉座があり、さまざまな装飾品で飾られ、とりどりの金襴で装われていた。いわく、この玉座は信徒の長エマーム・アリー——神ヨ、彼ニ満足アレ——の御物であり、われらにとってこの玉座は、イスラエルの民における聖櫃のようなもの、と。敵の戦列に相対した際、その玉座を最前列に据え、仰せられた。戦え、勝利はそなたたちにあり。そなたたちにとってのこの玉座は、エスラーイールの民にとっての聖櫃である。聖櫃にはサキーネがあり、その他の物がある。さらに明言していわく、この玉座は天使たちで満ちており、ひとたび据え置けば、天使たちが大挙してそなたたちの隊に加勢する、と」。※巻末参考文献67

※訳注226……ムフタール。687年没。反ウマイヤ朝の内乱期、親アリー派のクーフェを拠点にホセインの異母弟を奉じて決起した。

殉教のひつぎ《ターブーテ・シャハーダト》※訳注227、つまりナフル等のひつぎに見立てた物を、殉教者の軍勢になぞらえた服喪隊列が練り回すという営為。これによって立ち現われてくるのは、哀悼のために集まった人びとともにある神の力の暗示的存在であり、真理《ハッグ》＝神の軍団の、虚偽《バーテル》＝偽りの神に対する勝利であり、殉教そして殉教者の永遠のいのちの聖なる物語である。力、抵抗、勝利を象徴する剣や盾や兜などの武具や、光の具現・象徴たる鏡を、ひつぎや輿やナフルの装飾に用いることも、現世において殉教者に付託された神秘的な力を表している。

さらに、雨乞いの慣習に見られるひつぎの巡行あるいはひつぎ洗いの儀礼にも、神の力の顕現が如実にあらわれている。降雨を求めてひつぎを練り回したり洗ったりする伝統も、イランの農民に古くから伝わる慣習の　つであり、今なおイランの一部の文化圏で存続している。ヘジュラ太陰暦4世紀前半〔西暦10世紀前半〕の地理学者エスタフリー※訳注228は、著書『諸道と諸国の書』の中でシューシュ※訳注229の街におけるひつぎのお練り儀礼について言及し、イスラームの出現の初期にシューシュの街が征服されるまで人びとの間で行われてきたこの儀礼について(補47)、次のように記している。「スース（＝シューシュ）の人びとはそのひつぎ〔預言者ダーニアール※訳注230の聖なるひつぎ〕を尊崇し、苦境に陥った際にはそれを外に持ち出し、雨乞いをした」。※巻末参考文献68

※訳注227……「殉教者のひつぎ」であれば「ターブーテ・シャヒード」となるところ、なぜか「ターブーテ・シャハーダト（殉教のひつぎ）」と表現している。先に、預言者ムーサーの契約の箱について言及した際、その別名「証しの箱」にも同じ語が用いられている。「シャハーダト」の原義は「証言」であるが、多義的であり、契約の箱の場合は神とイスラエルの民の契約の「証書」であり、一方で、神のために戦う聖戦において死して信仰の証しを立てるという意味で「殉教」とも訳しうる。さらに、「ターブート」という語は現代ペルシア語では死者の棺柩を意味するが、クルアーンでの用法では棺柩ではなく櫃や箱をさす。契約の箱の聖性と殉教者のひつぎを結び付ける意図での掛詞（かけことば）か。

※訳注228……生没年不詳。10世紀の旅行家・地理学者。『諸道と諸国の書』はイスラーム世界各地のアラ

イランの一部の街や村では、旱魃の際に雨を求めてひつぎ洗い儀礼が執り行われていた。例えばタブリーズ[※訳注231]の街での雨乞い儀礼では、老爺たちが死者のひつぎを地区のモスクから持ち出し、泉や小川のほとりに運んで、雨が降り始めるまでそのひつぎを水中に置いておく習わしがあった。[※巻末参考文献69] また、トゥーン（フェルドウス）[※訳注232]では、雨が降らないと少年・少女らが農民を助けようと駆けつけ、その中の7人の処女が「ひつぎを持ち出してきて肩に担ぎ、ガナート[※訳注233]の水が地表に現われる場所へと運ぶと、そのひつぎをガナートの水の上に、水の流れがその下を通過するような形に設置した。雲や雨を待ち望む人びとは、こうすることで神の慈雨が彼らの畑に降り注ぐと信じていた」。[※巻末参考文献70] カーシャーン県のマシュハデ・アルダハールでは、毎年、秋の初めにガーリーシューヤーン[※訳注234]という儀礼が行われる。1枚の絨毯を、信仰に殉じたエマームザーデであるソルターンアリーのひつぎに見立て、それを象徴的な形で洗う儀礼であるが、アルダハールの荒野で命を落とした殉教者の苦難の記憶をよびさます宗教行為であるの

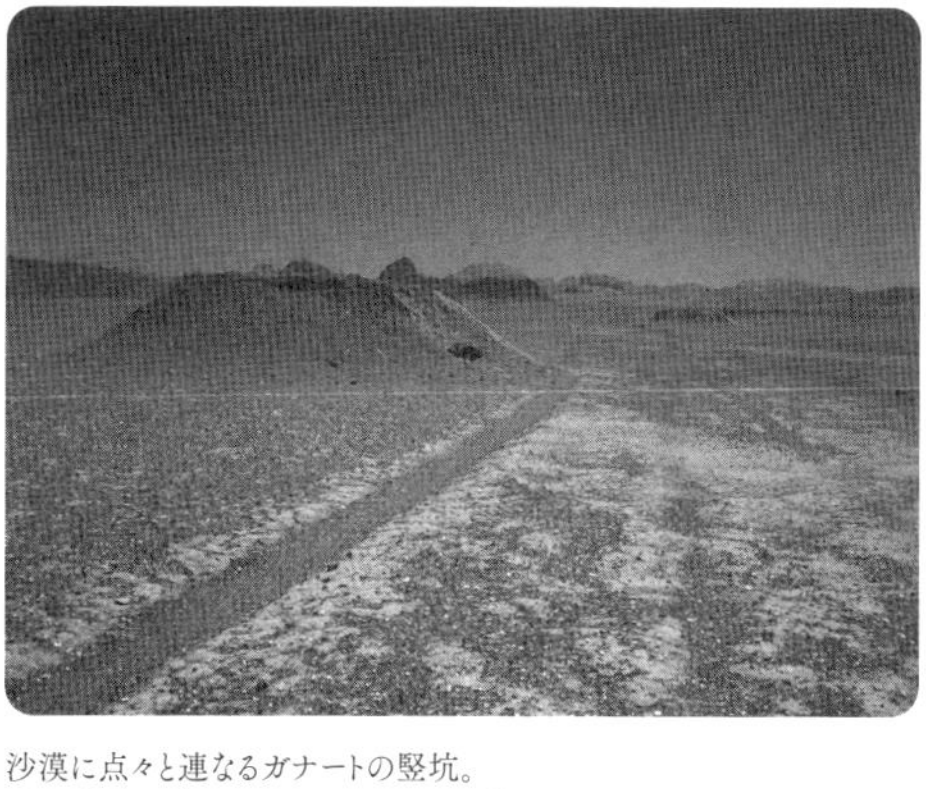

沙漠に点々と連なるガナートの竪坑。
地下水路を流れる水はオアシスで地表に現れる

ビア語の地誌。イラン高原のファールス地方とマー・ヴァラー・アンナフルに関する記述が特に多い。

※訳注229……フーゼスターン州の都市。スーサ。紀元前5000年紀後期から紀元後13世紀の都城遺構が残る。

※訳注230……聖書の預言者ダニエル。バビロン捕囚時代にバビロンに連れてこられたとされる。イスラームでも、預言者とみなされる。シューシュのキャルヘ川のほとりにはダーニアールの廟と伝わる墓廟があり、地元のイスラーム教徒やユダヤ教徒の尊崇を集める。

※訳注231……イランの北西部、東アゼルバイジャン州の州都。イランで5番目に人口が多い。住人のほとんどはアーザリー・トルコ語を母語とする。イルハーン朝、カラコユンル朝、アクコユンル朝、サファヴィー朝期草創期には首都となった。

と同時に、ひつぎ洗い儀礼によって雨乞いをするという古い習わしをも想起させる。[※巻末参考文献71]

ひつぎ巡行の機能と役割

殉教者の似姿を練り回すという儀礼的演劇表現において、殉教のひつぎ《ターブーテ・シャハーダト》（という象徴的形象は、殉教者が神から授かった力や威厳を示すものであるが、それとともに、死のもつ暗い滅びのイメージを殉教者という存在から払拭し、殉教者の栄光ある永遠のいのちという広がりへと見る者の視野を開かせる。さらに、殉教者を篤く信奉する葬列参集者たちの心の奥底に、闘いを厭わず命さえ投げ出す熱情をも湧きあがらせ、彼らの集合意識の中の、永遠のいのちを手にするために喜んで殉教を受け入れる観念や願望を強化しているのである。

ギュスターヴ・ル・ボン[※訳注235]は、似姿や画像を用いた儀礼的演劇表現が一般民衆の集団意識に与える影響や、社会の行動や秩序についての観念形成に似姿や肖像が果たす役割とその重要性を、以下のように簡潔に表現している。「群集は視覚イメージを通じてのみ思考し、また、視覚イメージの助けによって感動を得る。視覚イメージ

※訳注232……イラン北東部の州、南ホラーサーン州のフェルドウス市。トゥーンはフェルドウスの旧称。イランでも最も乾燥した地域の一つであり、ガナートによる灌漑が行われる。

※訳注233……カナート。西アジア、北アフリカなどの乾燥地帯にみられる横井戸式地下水灌漑体系。

※訳注234……「絨毯洗い」の意。当シリーズ第1巻に詳しい。

※訳注235……Charles-Marie Gustave Le Bon（1931年没）。フランスの博学者で、著作は人類学、心理学、社会学、医学、物理学など多分野にわたる。代表作の『群集心理』（1895年）は、ヒトラーやレーニン、フロイトなどに影響を与えたとされる。邦訳は、ル・ボン、ギュスターヴ『群集心理』櫻井成夫訳、講談社学術文庫、1993年。

のみが彼らを追い立て、そそのかす。唯一、視覚イメージだけが、彼らの行動の動機なのである。だからこそ、視覚イメージを最も明瞭な形で提示する演劇は、群集に対して非常に大きな影響力をもっているのである」。※巻末参考文献72　ル・ボンのこの言葉は、服喪隊列が人びとに表現してみせる殉教のひつぎ《ターブーテ・シャハーダト》などの殉教者になぞらえたものそれ自体、あるいはその象徴性を帯びた姿形が、葬送儀礼に参加する集団が宗教的思考や理想的行動の体系を構築していくうえで果たす役割と重要性をよく示している。

　毎年の殉教命日に殉教者のひつぎに見立てた物の葬送を行う儀礼は、信仰に殉じた者たちの死と再生の哲学を説明づける神の力の物語を表している一方、殉教者が歴史の中でよみがえり、永遠の存在となり、栄光を勝ちとるという神話に、連綿と続くいのちを付与している。さらに、ひつぎの巡行の慣習は、殉教者の死を悼む儀礼に参加する篤信家たちの《軍勢》に意識の変容をもたらす。この意識の変容こそ、殉教の哲学を信奉する信心篤い人びとの集団が、殉教という神の祝福を受けた崇めるべき現象を受容し、殉教をすすんで希求する熱情を永劫に保持し続けることを支え、また、そうした人びとが心に思う殉教というものの価値や確かさを高め、人びとが父祖の宗教文化や歴史上の殉教者たちとの間にもつ一体感や連帯意識を確固たるものにしているのである。※巻末参考文献73 ■

【補　足】

※74〜※117→巻末参考文献

■補1……スィヤーヴァシュは、カーヴース王[1]の息子であり、ロスタム[2]が手ずから育てた、イランの神話時代の偉大な英雄である。スィヤーヴァシュはトゥーラーン[3]の王アフラースィヤーブとの戦闘において勝利したが、寛容にも和睦を結ぶ。アフラースィヤーブはスィヤーヴァシュの男らしさや勇気に惚れ込み、自らの娘であるファランギースを妻として与える。スィヤーヴァシュはしばらくの間は穏やかで幸せな暮らしを送るが、結局は、アフラースィヤーブが自らの弟ギャルスィーヴァズの讒言によりスィヤーヴァシュを疑うようになり、この勇気ある心清い男の首を刎ね、その血を大地に注ぐ。スィヤーヴァシュの死の知らせに、イランは大騒ぎになる。イランの人びとはスィヤーヴァシュの仇を討つと決起し、スィヤーヴァシュを殺した卑劣な者たちとの戦いを始める。

　スィヤーヴァシュはイラン文化において宗教的性格を帯びた存在とされており、「人を超えた」霊的な側面を有していた。スィヤーヴァシュが火の中を無傷で通過[4]したこと。エブネ・バルヒー[5]の伝にある、カーヴース王が息子スィヤーヴァシュの死後に語った「霊妙なる者スィヤーヴァシュを殺したのは、アフラースィヤーブではない。この私だ！」という言葉。スィヤーヴァシュの葬列にミトラ神とアナーヒター女神が参加したこと。スィヤーヴァシュの殺害の後に「激しい風が吹き始め、塵煙がわき起こり、あたり一帯が闇に包まれた」とサアーレビー[6]が伝えていること。これらは全て、スィヤーヴァシュという神話上の人物の神聖性と、神話時代のイラン社会におけるこの英雄が天からの存在であると見なされていたということを示している。※74

[1]：カイ・カーヴース。神話時代のカヤーン朝2代目の王。
[2]：フェルドウスィーの『王書』に登場する英雄。三代の王に仕え、その冒険、恋愛、戦い、子殺しの悲劇の物語は、『王書』でも特に人気がある。
[3]：上記『王書』の主題の一つは、敵対する2つの地域、イーラーン（イラン）とトゥーラーンの戦いである。トゥーラーンはマー・ヴァラー・アンナフルをさし、イーラーンもトゥーラーンも、歴史的イラン世界に含まれる。
[4]：スィヤーヴァシュは父王カーヴースの妃スーダーベに言い寄られ、拒絶するが、スーダーベは逆恨みから「スィヤーヴァシュに身を汚され、王の子を流産した」と王に訴える。スィヤーヴァシュは身の潔白を証明するために愛馬を駆って火焔の山に入り、善を授ける神の力により無傷のままで王の前に姿を現した。
[5]：本名不詳、12世紀初頭没。サルジューグ朝のソルターン・モハンマド（在位１１０５～１８年）の命により、イスラーム期以前のイラン史とファールス地誌から成る『ファールスの書』を編纂。同書はペルシア語で書かれており、ブーヤ朝末期・サルジューグ朝期の史料として重要。
[6]：１０３８年没。ガズナ朝期のネイシャーブール出身の文献学者。

■補2……フルムキン※75の見解によると、「これらの遺物は、神話、言語、芸術、科学技術、兵器、信仰、埋葬の風習などの様々な分野における、イスラーム以前の優れたソグド文化を示している」。

■補3……かつて、エジプト、シャーム[7]、イエメン、イラク、イランといった一部のイスラーム諸国では、イスラーム教徒がマフメル〔マフミル／マフマル〕輿を飾り立てて街中を練り回し、それを大巡礼《ハッジ》[8]の時期に合わせてメッカに派遣する、という習わしがあった。マフメルとは、ホウダジュ輿やキャジャーヴェ輿のような木製の屋形を、絹布や金糸で織られた布で覆い、さまざまな装飾を施した物である。それをラクダの背に載せ、メッカ巡礼団長とそれに随行する一団とともにメッカの神の家〔カアバ神殿〕に送った。

伝えられているところでは、絹や宝石で飾られたマフメルは、現在のエジプトの君主であった《サーレフ王の僕、ハリール王の母》ことシャジャロッドッル〔シャジャルッドゥッル〕[9]がヘジュラ太陰暦648年〔西暦1250／1年〕にカアバ神殿に引き連れて行った例が最初であるという。それ以降、毎年、エジプトからカアバ神殿や預言者の小部屋[10]に贈り物や賜衣とともにマフメルを派遣することが慣習化した。※76

ファギーヒーはその著作『ヴァッハーブ派』で、『二大聖地の鏡』[11]からの引用として、エジプトやシャームからヘジャーズ〔ヒジャーズ〕地方[12]へとマフメルがどのようにして運ばれたかについて、以下のように記している。※77「毎年のメッカ大巡礼の時期、装飾を施された2台のマフメルがエジプトとシャームからメッカへと運ばれた。マフメルは、ラクダの背に載せられて聖モスクの前まで運ばれると、そこからは人びとによってモスクの内部まで担がれて行った。その後、マフメルは聖モスク[13]からアラファートの野[14]やモズダレファ〔ムズダリファ〕[15]やメナー〔ミナー〕の谷[16]へと移動する。大巡礼が終わると、今度はメディナに移動し、その後はメディナからエジプトとシャームに戻って行った。マフメルには、楽隊や大砲数門を従えた騎馬・徒歩の一行が随行した。マフメルを有する国から来た巡礼者たちも、マフメルの一行の責任者を兼任した巡礼団長のもと、マフメルと一緒に移動した。マフメルの道行きには御利益を求めて人びとが集まり、マフメルに触れ、せっぷんをした」。

エブネ・バットゥータ〔イブン・バットゥータ〕はその旅行記[17]においてエジプトでのマフメル巡行儀礼について触れ、以下のように述べている。エジプト人は毎年、ラジャブ月〔ヘジュラ太陰暦7月〕のとある1日にマフメル巡行の儀礼を執り行った。その日、「四大法学派[18]の大法官が、国庫財務局の監督官や市場監督官、法学者の中の長老、政府の要人や高官らとともに、馬に乗ってマレク・アンナーセル〔マリク・アンナースィル〕[19]〔ヘジュラ太陰暦693年から740年[20]までのエジプトの王〕の館である要塞門へと赴くのであるが、その場所にラクダの背に載せられたマフメルが引き出されてくる。その年の大巡礼の巡礼団長の任を受けた者がマフメルの前で先導し、マフメルの後ろには水運び人の一団がラクダに乗って付き従った。男も女も皆が集まってきて、マフメルとともにカイロとメスル〔ミスル〕[21]の街を練り歩いた。ラクダ使いたちはラクダの歩みを進めるホダー歌をうたいながら前を行き、他の者たちは後ろに付き従った」。この儀礼は、その年にメッカ大巡礼におもむく喜びを人びとの心によび起こし、「道行きのための荷支度を整える」気分にさせた。※78

ハサン・ルームルーはその著『歴史精髄』[22]において、ヘジュラ太陰暦875年〔西暦1470／1年〕の出来事のうち、ウズン・ハサン[23]の命によりヤズドの街でメッカに送られるべく装飾を施されたマフメルに関し、以下のように述べている。「ソルターンの命によって用意され、装飾が施され、その準備に多くの労力が費やされた大巡礼のマフメル」がヤズドから到着すると、セイエド・ネエマトッラー二世はイスラームの儀礼をより崇高なものとするためにそのマフメルをゴム[24]の街へと遣わした。「ハサン王〔ウズン・ハサン〕は王子や司令官らをともない、歓迎のために街の外に出て、聖なるマフメルを街の中へと招き入れ、自らの兄弟であるオヴェイス・ベイクを巡礼団長に任じた。騎馬あるいは徒歩の大勢の者たちがそれに付き従って練り歩いた」。※79このマフメルはその年のラビーオルアッヴァル月〔ヘジュラ太陰暦3月〕に巡礼者たちとともにイランに帰還し、サハンド近くのウージャーン平原[25]へと運ばれた。

ミールザー・ホセイン・ファラーハーニー[26]はその旅行記において、エジプトとシャームからの巡礼者たちがメッカに運んできた預言者モハンマドのマフメルとアーイェシェ〔アーイシャ〕のマフメル[27]の巡行について触れ、以下のように記載している。※80マフメルは、ゼルハッジェ月9日[28]の午後にラフマト〔ラフマ〕山[29]のふもとに運ばれ、巡礼者たちがその周囲に集まり、説教師がラクダの上に立って説法を行う。説法の後、人びとは「手巾を撒き、解散する。マフメルは元の場所へと帰還する」。

ミールザー・ホセイン・ファラーハーニー※81はこのマフメルについて、イランのシーア派信徒たちの、複数の金銀のドームをもち、周りが布で覆われ、アーシューラーまでの服喪の日々に服喪隊列とともに路地から路地へと移動する、移動式サッガーハーネ[30]に似た物だと考える。アリーアスガル・ファギーヒーは〔著書『ヴァッハーブ派』において〕、このマフメルはアーシューラーの服喪におけるナフルと酷似しているとし、イランにおけるナフル巡行儀礼をこのマフメル巡行儀礼の名残であると見なしている。※82

たしかにメッカ大巡礼におけるマフメル巡行儀礼が服喪期間中に行われるナフル巡行儀礼の作法に影響を及ぼした可能性はあるが、それでもナフルとマフメルは別物である。ナフルはキャルバラーの殉教者のひつぎを象徴する物であるが、マフメルのほうはメッカ巡礼の際に預言者とアーイェシェが乗った聖なるマフメル輿を表した物である。また、マフメルおよびその巡行儀礼は、サッガーハーネやそれをアーシューラーの日に奉じて練り歩く儀礼とは、似ても似つかない。

上…エジプトを出発する前のマフメル／下…メッカの街中を行くエジプトのマフメル

[7]：歴史的シリアをさす地域名称。現在のシリア、レバノン、ヨルダン、イスラエル。

[8]：メッカ巡礼には、巡礼月に行う大巡礼と、それ以外の月に行う小巡礼がある。大巡礼はイスラーム教徒の義務。

[9]：アイユーブ朝（1169～1250年。版図は現在のエジプト、シリア、ヒジャーズ地方等）第7代スルターン、サーリフの妻。夫の死後、スルターン位を継承したトゥーラーン・シャーを殺害、アイユーブ朝を滅ぼし、マムルークの推戴を受けてマムルーク朝の初代君主となった。「サーリフの僕、ハリールの母」は彼女のスルターン即位時の称号。

[10]：預言者モハンマドの廟をさす。預言者が亡くなり、葬られた部屋。メディナの預言者のモスク内にある。モハンマドはモスクに隣接して自らの居住用の部屋を2か所建造し、それぞれ2人の妻、アーイシャとサウダの部屋とした。亡くなったときはアーイシャの部屋にいたとされ、その場所に葬られた。モハンマドの自宅＝墓は、後世、預言者のモスクの拡張によってモスク内に取り込まれ、メッカ巡礼の際に併せて巡礼者が訪れる場所となっている。

[11]：エジプトの軍人で、カイロからのメッカ巡礼団長をつとめたイブラヒーム・リファト・パシャ（1935年没）が、カイロからメッカ・メディナへの巡礼について百科全書的に記したもの（1925年）。本人が撮影した写真が豊富に掲載されている。

[12]：アラビア半島のメッカとメディナの二大聖地を含む紅海沿岸地方。

[13]：マスジド・ハラーム。カアバ神殿を取り囲むように建てられたモスク。通常モスクには内壁にメッカの方向を示すミフラーブというくぼみが設けられており、信者はそのミフラーブに正対して礼拝を行うが、地球上でこのモスクにだけはミフラーブがなく、人びとはモスクの中心に位置するカアバに向かって礼拝する。

[14]：メッカの東方、約25kmにある広大な原野。預言者が最後の巡礼の際に、最後の説教を行った場所とされる。巡礼月の9日には、巡礼者はこの地に滞在しなければならない。

[15]：アラファートの野から、悪魔を象徴する石柱に向かって投石する儀礼が行われるミナーの谷までの中間地点にある場所。巡礼者はここで投石のための小石を集める。

[16]：メッカとアラファートの中間地点。巡礼月の10日と11日に、石柱に石を投げる儀式が行われる谷。石柱は、預言者イブラーヒームが悪魔を石を投げて追い払った場所とされる。

[17]：1355年完成の『都会の新奇さと旅路の異聞に興味をもつ人びとへの贈り物』と題した旅行記。当時のイスラーム世界のほぼ全域を網羅する。邦訳は、イブン・バットゥータ『大旅行記1～8』イブン・ジュザイイ編、家島彦一訳注、平凡社東洋文庫、1996～2002年。

[18]：スンナ派の四大法学派。ハナフィー派、マーリク派、シャーフィイー派、ハンバル派。

[19]：前期マムルーク朝の最盛期のスルターン、ナースィル・ムハンマド。

[20]：693年から741年の誤りか。西暦1293～1341年。実際には2度の廃位と3度の復位を経験したため、在位期間は断続的。

[21]：アラブ人イスラーム教徒が各地で征服活動を行う際の軍営都市のことをミスルというが、ここでは現在のカイロの南部にあったフスタートの街をさす。

［22］：サファヴィー朝の第2代君主、シャー・タフマースブ一世の近衛集団に属した武人・歴史家ハサン・ベイグ・ルームルーによるイラン通史。天地創造から1578年の出来事までを扱う。
［23］：在位1453〜78年。アクコユンル朝最盛期の君主。敵対するカラコユンル朝を滅ぼし、最大版図は東部アナトリアからイラン東部に及ぶ。
［24］：当時のゴムはウズン・ハサンの冬営地とされ、一時期はアクコユンル朝の準首都的な機能を果たしていた。
［25］：サハンドは東アゼルバイジャン州にある標高3707mの成層火山。アクコユンル朝の首都タブリーズはサハンド山の北、ウージャーンはサハンド山の北東に位置。
［26］：1923年没。ガージャール朝ナーセロッディーン・シャー期の外交官。1885年にメッカに巡礼。1887年にシャーに献上された旅行記は、イラン人シーア派信徒向けの巡礼情報（食事、宿泊、移動手段、宗教的慣習など）を網羅。
［27］：預言者のマフメルはシリアから、アーイシャ（預言者の妻の1人）のマフメルはエジプトからの派遣。
［28］：ゼルハッジェ月はヘジュラ太陰暦12月（巡礼月）。この日は大巡礼のアラファートの日に当たる。
［29］：アラファートはアラファートの野にある山。預言者は「別離の巡礼」の際、この山頂で説教を行った。
［30］：街中の通りや市場に設けられた公衆用水飲み場のこと。キャルバラーの荒野で渇きに苦しむホセイン一行のために命を賭して水を運んだアッバースに捧げられることが多く、人びとが願掛けを行う聖所になっている。

■補4……アーシューラーの日に殉教したエマーム・ホセインの子供は、乳飲み子であったアリーアスガルと、アリーアクバルであった。アリーアクバルは、17歳から25歳の若者であったと思われる。殉教劇タアズィーエの脚本集には「ゼイナブ[31]の子どもたちの殉教」と「モスレム[32]の子どもたちの殉教」という名の2つの演目があり、服喪の隊列がアマーリー輿やマフメル輿に乗せる子どもの似姿は、たいていはこの子どもたちのことである。タヴェルニエは、キャルバラーの地でハーレスによって殺害されたモスレム・エブネ・アギールの2人の子[33]のことをエマーム・ホセインの子どもたちと勘違いし、ヤズィードによって殺された、としたのである。タヴェルニエの著作のペルシア語翻訳者も、それを何の注釈もなくそのまま翻訳し、記述している。

［31］：アリーの娘、ホセインの妹。キャルバラーの戦いで生き残り、ウマイヤ軍によって捕らえられるが、一族の仇であるカリフ・ヤズィードに敢然と立ち向かったとされる。
［32］：アリーの甥かつ婿のモスレム・エブネ・アギール（ムスリム・イブン・アキール）。ホセインが兄ハサンの死後にエマーム位を継承し、クーフェの街の反ウマイヤ朝勢力がホセインを招聘した際、モスレムはホセインに先立ってクーフェの街に赴くが、ウマイヤ朝側に捕えられ、斬首される。
［33］：エブラーヒームとモハンマド。キャルバラーで虜囚となるが、牢獄から逃げ出す。ある女性が2人を一晩、家でかくまうが、その女性の夫であるハーレスが2人に気付き、命乞いをする2人を斬首したという。

■補5……ウィリアム・フランクリン※83はシーラーズの人びとのエマームに対する信仰・尊崇について、以下のように記している。「シーラーズの街は12か所の街区に分かれている。各街区は12人のエマームのいずれかの庇護のもとにあると信じられている。エマームたちがまるで守護天使のように、それぞれの街区を護っているというわけである。金曜日の夜[34]になると、各街区のモスクの下男たちが詠唱《ゼクル》を行って、それぞれの街区を守護するエマームの偉大さについて語る。人々は自分たちの街区のエマームの御慈悲により、願いが叶えられ、罪が赦される、と信じている」。

キャラーマトッラー・アフサルは、シーラーズの街区の数について、ザンド朝のキャリーム・ハーンの治世の初期までの19か所の街区を紹介し、こう述べる。「キャリーム・ハーンはシーラーズの街区のうちのいくつかを合併し、19か所あったシーラーズの街区の数を11か所に減らした」。※84

[34]：木曜の夜に相当。1日は日没から始まる。

■補6……殉教者のひつぎを模した物を地中に埋め、あるいは水に沈めるという風習は、インドのシーア派信徒の間で行われていたものであり、今でもなお、行われている。インドのシーア派信徒による象徴的ひつぎを水に沈める習俗もまた、インド人の文化に由来しているようである。イランでは、史料によるところでは管見の限りそのような習慣はなく、そうしたものについての記録はない。これは、服喪のひつぎをアーシューラーの儀礼が終わってから土に埋める慣習について旅行家が伝えた、唯一にして初めてのケースである。もしかするとフランクリンは、インドのシーア派信徒のタアズィーエ巡行儀礼や儀礼終了後のタアズィーエ埋葬をインドの地で目撃していたため、イランのシーア派信徒もインドのシーア派信徒同様にひつぎを墓地や参詣地に運び、そこで埋葬する、と考えたのかもしれない。

■補7……ベイラグは、長方形もしくは三角形の布を、木製の柄の先に取り付けた物。ベイラグの旗布は黒、緑、赤、白の無地か

上…ベイラグなどモハッラムの飾り付け用品を売る店。テヘランのバーザール
下…鎖打ち用の鎖など、モハッラム関連用品を扱う店。右の方にパンジェが見える

模様のある布地で作られる。布の部分にクルアーンの一節や祈祷の文言が書かれたり刺繍されたりしているものもある。通常、ベイラグの旗竿の先端部には、槍の剣先やパンジェとよばれる手の平の形をした飾りやドーム型の装飾が取り付けられている。

　黒のベイラグは悲しみや喪を、緑のベイラグは預言者の一族とその一族の神聖性を、赤のベイラグは戦いや殉教を、白のベイラグは平和と和解をそれぞれ表している。ベイラグは、隊列の先頭・中間・最後尾でベイラグの旗手《ベイラグダール》によって奉じられる。地方によってはベイラグをアラムとよびならわすところもある。

■補8……アラムは、木の竿と袋のような幕を組み合わせてできた特別の旗じるし。アラムの竿の長さは6mから10m、その太さは10㎝から15㎝である。先端には、手の平形あるいは三日月形の金属製のマーク、もしくは墓囲いのような格子のある小箱を取り付ける。アラムには、1枚布のものもあれば、複数枚の袋状の幕をもつものもある。デズフールやシューシュタル、ゴムの街でよく見られるアラムのように、袋状の幕を複数枚用いるタイプのアラムの竿には、2つか3つのリングが等間隔に取り付けられており、それぞれのリングに長さ2mの布が何枚も幕のようにして垂れ下がっている。それぞれの幕のすそ部分は、その幕より下にある別の幕の上部分や取り付け用リングに覆いかぶさっている。1本のアラムには数色の幕が用いられる。

上…ゴムの街のアラム。2005年／下…ザヴァーレの黒布を被ったアラム。

アラムは、カーシャーンでは「トゥーグ」、ヤズドやアブヤーネでは「シャッデ」、ゴムでは「服を着たアラム《アラメ・ラフトプーシュ》」、デズフールとシューシュタルではそのまま「アラム」とよばれ、アラムの先端部分は「アラマク」とよばれる。

　アラムは、キャルバラーで殉教者の長〔エマーム・ホセイン〕の旗手《アラムダール》をつとめたハズラテ・アボルファズル[35]の掲げた旗じるし《アラム》を象徴している。広げた五指の形をしたパンジェは、五聖（モハンマド、アリー、〔預言者《モハンマド》の娘〕ファーテメ、ハサン、ホセイン）を、さらにはハズラテ・アッバースの〔敵によって〕切断された手を表し、また、月型は、月のようだと形容されるハズラテ・アッバースの御顔を象徴し、その聖性・剛力を示すものである。そのためシーア派信徒の間ではハズラテ・アッバースは「ガマレ・バニー・ハーシェム」すなわち「ハーシェム〔ハーシム〕一族[36]

の月」とよび慕われてきた。墓囲いの形の竿先飾りは、キャルバラーの殉教者のひつぎや墓を表しているとされる。ここで注目すべきなのは、手の形をしたパンジェは、手の平の部分に目の絵があるものとないものとがあるが、これは人びとから邪視を遠ざけるお守りであり、イラン人やインド人、アラブ人、ユダヤ教徒の間で広く用いられている物だという点である。

イランのギーラーンやデズフールのような一部の地方では、「アラムバンディー」（アラムに衣服を着せ、装飾すること）もしくは「アラムヴァーチーニー」（アラムから衣服を脱がせ、装飾を取り外すこと）という名前の特別な儀礼が行われている。

[35]：ホセインの異母弟アッバースのこと。ハズラテ・アッバースも同じ。
[36]：預言者の一族の表わし方の一つ。ハーシェムは預言者の曽祖父。ハーシェムの直系の子孫には、預言者のほか、預言者のおじの息子であるアリーと、その息子たち（ハサン、ホセイン、アッバース）が含まれる。

■補9……アラーマトは、十字型のアラムの一種で、糸杉のような形をした金属製の刃を複数枚もつ。かつて使われていた初期のアラーマトは3つの刃を有していたが、それが5つになり、やがて徐々に刃の数が増えていって、しまいには23もの刃をもつに至った。中央の刃の舌のように長い部分はその周りの刃よりも幅広かつ長大であり、その左右両側にずらりと並ぶ刃は、端に向かうにつれてどんどん小さくなっていく。昔のアラーマトの刃は鋼鉄で作られており、その表面には彫刻や金象嵌が施されていた。アラーマトの刃、とりわけ中央の刃は、クルアーンの一節や祈祷の文言が刻まれたものもあった。

刃が並ぶ水平の横棒の両端には、通常、口を大きく開けた龍の像があり、刃と刃の間の部分には、金属製の、墓囲いのような格子のある小箱や手の平形のパンジェ、月型、ハトもしくはクジャク、円球あるいはドームが取り付けられている。舌状の

上…テヘランの街中に飾られたアラーマト
下…テヘランのタジュリーシュのタキーエに置かれたアラーマト

上…アラーマトの細部。ゴムの街にて／下…アーシューラーの日、アラーマトを奉じる若者。ゴムの街にて。行進の途中で軸を中心に回転させることもある

刃先からは、たいていは金属製の鈴や色ガラスの小さな球がぶらさがっている。

中央の刃が幅広長大で、あいさつのお辞儀のときによく湾曲する、いわゆる「あいさつ上手《ホシュサラーム》」なアラーマトは、質が高く作りのよいアラーマトとみなされた。アラーマトは、イスラームの旗手であるハズラテ・アボルファズルの剛腕ぶりを象徴するものとされている。昔のテヘランでは、一番有名なアラーマトを掲げるのは、テヘランの各街区の名だたる《義侠の徒《ダーシュ・マシュディー》》や《一騎当千の豪の者《イエッケ・ベザン》》と相場が決まっていた。

モハッラム月には、カシミアのショールや緑や黒の絹の布をアラーマトの横棒や刃と刃の間に掛けたり、単色の羽や二色まだらの羽、明かりをつけたチューリップ型燭台やカンテラを取り付けたりして、アラーマトを「着飾らせた」。

■補10……トゥーグ توغ という語は توق もしくは طوق という綴りでも歴史文書や辞書に出ているが、トルコ語の言葉であり、旗《ベイラグ》または旗じるし《アラム》という意味である。ある例では、طوق と綴り、首かざりの意味だとし、このように記述している。「トゥーグのもとにある者は誰しも、そのトゥーグの主《あるじ》への服従をあたかも犬の首輪のように首に掛け、一身を捧げなくてはならない」。※85

トゥーグには、鋼鉄製の長い舌状の刃すなわちサルトゥーグがあり、それが十字形をした木製あるいは金属製の脚部の上の、墓囲いのような金属の小箱の上に立っている。その刃は、洋ナシあるいは糸杉の形をしており、表面にはクルアーンの一節や祈祷の文章、特に「まことに、われらはおまえに明白な勝利を開いた。」[37]の一節が彫られ、金象嵌が施されている。昔のトゥーグの刃は、洋ナシ型の胴部が2つ交差して、曲線形の四つ羽をもつ1つの刃になっていた。

通常、刃すなわちサルトゥーグの左右両側に伸びた横軸には、格子状の小箱の上に乗った金属製のクジャクが、そして、刃の胴体上部の左右両側から外に突き出た部分には、口を大きく開けた金属製の龍の頭が取り付けられている。モハッラム月になると、トゥーグの横軸の上には何枚ものカシミアのショールや黒や緑の絹の布が装飾として掛けられる。

史料によると、トゥーグはサルジューグ朝期[38]（ヘジュラ太陰暦429年から700年[39]）以降、軍隊で用いられ、高位の指揮官だけがもつことができる物であった。サファヴィー朝期にもトゥーグは軍隊、特にゲゼルバーシュ[40]によって使用されており、戦闘に際してはトゥーグ持ち《トゥーグチー》が隊の先頭でトゥーグを掲げた。イランでシーア派が国教化すると、トゥーグは軍隊における象徴的意味合い、すなわち、力強さ・偉大さ・敵に立ち向かう力という意味とともに、ベイラグやアラムなどと共に服喪儀礼に取り入れられ、服喪の聖なる旗じるしとなった。やがてそれぞれの街区で自分たちのトゥーグをあつらえ、それを街区内のしかるべきタキーエ、ホセイニーエ、ガフヴェハーネ[41]、個人宅に安置した。たとえば、かつてゴムの街には5本のトゥーグがあり、そのそれぞれがこの街の古い街区の一つひとつに属していた。※86 カーシャーンの街の古くからの由緒ある街区も、それぞれ1本ずつのトゥーグを有していた。※87 トゥーグを保管する場所であり、さまざまな社会階層や同業組合の中でも特殊な集団が起居往来する社交場であったタキーエやガフヴェハーネは、そうした集団のたまり場《パートゥーグ》（ペルシア語の《足、お膝元》を意味するパー＋トルコ語のトゥーグ）として知られていた。そのようなタキーエやガフヴェハーネのトゥーグの元に集まる者たちは、いわゆる「同じトゥーグの元につどう仲間《パートゥーギー》」と見なされたのであった。

上…シャールードのバーザールのタキーエ内に運ばれていくトゥーグ／下…タキーエに集められたトゥーグのもと、「ヤー、アッバース ヤー、アッバース」の儀礼が行われる様子

イランの地方・都市によっては、「トゥーグバンダーン」という名の儀式が、独特な習俗にのっとって、盛大に挙行される。シャールード[42]はそうした街の一つである。毎年、モハッラム月の5日に、「タキーエイェ・ザンジーリー」の名で知られるバーザールのタキーエの長老たちは、その地区内でトゥーグを保有する家々からトゥーグ〔の部品〕を集めて回り、地区内のモスクやタキーエに運び、それからさらにガルエイェ・ヴェロウヴァー地区へと運ぶ。そして、集めたトゥーグ〔の部品〕を互いにつなぎ合わせる。「トゥーグバンダーン」すなわちトゥーグをつなぎ合わせる者たちの一団は、独特な作法をもって、胸を打ち哀悼歌をうたう隊列とともに、「ヤー、アッバース。ヤー、アッバース」と呼ばわりながらトゥーグを古い墓場へと運び、その後、元のタキーエやメンバルハーネ[43]に戻すのである。※88

[37]：クルアーン勝利章、1節。中田監修、544頁。
[38]：テュルク系遊牧民サルジューグ（日本ではセルジュークとよぶのが一般的）を遠祖とする王朝（1038～1308年）。
[39]：通常は、大サルジューグ朝はヘジュラ太陰暦487年（西暦1094年）までで、その後は幾つものサルジューグ朝に分裂し、最後のルーム・サルジューグ朝の滅亡がヘジュラ太陰暦708～09年（西暦1308年）とされている。
[40]：サファヴィー教団の信徒である小アジアのテュルク系遊牧民。教主エスマーイール（サファヴィー朝初代君主）を救世主として仰ぎ、教主のため死を賭して戦い、サファヴィー朝の建国に貢献した。
[41]：字義通りにはコーヒーハウス。実際には紅茶を飲みながら歓談する男性の社交場で、無頼の徒のたまり場にもなった。
[42]：セムナーン州シャールード県。
[43]：「メンバル」はモスクなどの説教壇、「ハーネ」は家、場所の意で、殉教語りの集会などを行う地元の集会所のこと。

右…かつてのガフヴェハーネの様子

■補11……ジャリーデはアラムの一種であり、カーシャーン、ゴム、ケルマーン[44]、ヤズド、マシュハド、ホルモズガーン[45]などのイランの各都市で、服喪の隊列によって練り回しが行われる。カーシャーン特有のジャリーデの形・構造は、次のとおりである。縦に長く伸びた槍のような軸の突端に矢じり型の金属製の刃があり、その刃の上には黒い人形が、その人形の下には鏡がある。剣のように尖った三日月型の金属製の4枚の刃が2列になって槍状の縦軸の両側に出ており、三日月型の刃からはクリスタルの飾り房が垂れている。中央部分の、縦軸と横軸の接続部にはキャシュクール鉢があり、縦軸から左右に伸びる横軸の上には、金属製の手の平形飾り1つずつと小燭台数個ずつが左右対称に並び、その横軸からは飾り房や鐘が下に垂れさがっている。

カーシャーンの人びとはジャリーデの各部分について、そのそれぞれが聖なる人物あるいは物を表し、特別な意味をもつと考えている。たとえば、槍のような縦軸はエマーム・ホセインの長身を表し、脇に出た4つの刃はエマーム・ホセインの4人の兄弟、すなわち、ハズラテ・アッバース、オウン、アギール、ジャアファルを象徴し、キャシュクール鉢はハズラテ・アッバースが水を運んだ皮袋あるいはホセインの天幕が張られた場所を表し、緒のついた飾り房は［エマーム・ホセインの息子］アリーアクバルの血まみれになった髪の毛の房を、人形は信仰の道において殉教をとげた奴隷を示し、鏡は信仰の王たるエマーム・ホセインのまばゆく輝くひたいをさし、クリスタルの飾り房は［預言者モハンマドの］お家の人びと《アフレ・ベイト》のおさな子たちの涙の粒を表し、鐘はエマーム・ホセインの夫人たち《アフレ・ハラム》の嘆き声を表し、手の平型はハズラテ・アッバースの切断された手を象徴する、と説明されている。※89

カーシャーンの古くからの街区にはそれぞれ自分たちのジャリーデがあり、各ジャリーデはその管理人である「バーバー」の名でよばれていた。モハッラム月の7、8、9日の夜と昼に服喪隊列の先頭でジャリーデが掲げられる際には、数人の者がシンバルを打ち鳴らした。それは木製で、手の中に収まるくらいの小ささであった。

[44]：イラン南東部のケルマーン州の州都。
[45]：ホルモズガーン州。イラン南部、ペルシア湾のホルモズ海峡に面し、州都はバンダルアッバース。

■補12……そもそもタアズィーエ劇は、それが宗教劇の様相を帯び、広場やタキーエの舞台で上演されるようになる以前は、服喪の隊列の中での似姿《シャビーフ》を奉じての練り歩き《シャビーフギャルダーニー》の形で登場した。胸打ち儀礼を行う隊列の中、何人かの者にエマームや殉教者たちの扮装をさせ、荷車に乗せて、通りや市中を練り回した。シャビーフとなった者は、それぞれの扮する殉教者の口上を述べ、キャルバラーでの出来事や殉教者たちの受難の各場面を、よく工夫のこらされた身振り手振りでもって演じた。こうしたシャビーフのお練りが次第に変貌し、儀礼的・宗教的な演劇である「シャビーフ劇」さらには「タアズィーエ劇」となって、舞台や演壇へとその場所を移したのである。

ザヴァーレでのシャビーフの行列

■補13……最大のシーア派コミュニティは、イランの地ではなく、インド・パキスタン亜大陸にある。インドのシーア派信徒の人口はイランのそれよりも多く、少なくとも2倍[46]はあるとされている。

　ホセイン殉教の服喪儀礼は、インドのあらゆる街、とくにイスラーム教徒の支配者がいたラクナウにおいて行われていた。インドのイスラーム教徒の各集団はそれぞれの独自のやり方で服喪儀礼を行った。服喪儀礼はモハッラム月の初めに開始され、モハッラム月10日に最高潮に達した。

　ラクナウには最古級のタキーエ、すなわちタアズィーエの御座所がいくつもある。インドではシーア派集団、スンナ派集団、非イスラーム教徒集団のそれぞれが、自分たちのタキーエをもっている。ラクナウの歴史ある巨大タキーエの一つに「アーサフッダウラのタキーエ」がある。これは、ラクナウの支配者であったシーア派信徒の太守アーサフッダウラが10年の歳月をかけて建造したものであり、１７９０年（ヘジュラ太陰暦１２０４年）に落成した。

　ヘクマトは、インドのイスラーム教徒の約2割がシーア派であるとし、以下のように述べている。「シーア派信徒はインド各地に分散している。中でも多く居住するのは、パンジャーブ[47]、北スーバ[48]、バローダ〔ヴァローダラー〕[49]、ハイダラーバード、ファイザーバード（北スーバのかつての首都）[50]、フーグリー[51]、ムルシダバード[52]（コルカタの前のベンガル[53]の首都）である。インドのシーア派信徒の多くは、イランからの移民やアフガニスタンのハザーラ系諸部族[54]の移民である。シーア派の中心地

上…水に沈めるために川に向かうインドのタアズィーエの行列。18世紀末、作者不詳
下…ボンベイ湾にタアズィーエを沈める人びと。Emile Bay画、１８７８年

として重要な街の一つに、ジャウンプル[55]がある。この街はバナーラスの北西30マイル〔48㎞〕に位置する」。「その他シーア派の中心都市としては、ウッタル・プラデーシュ州のラームプル[56]が挙げられる」。

　ピーター・チェルコフスキー[57]はその論文「カリブ海地域[58]でのモハッラム月の儀礼におけるイラン的伝統の痕跡」において、かの地の非イスラーム教徒インド人労働者によるモハッラ

ム月の儀礼の様態について、このように説明している。「西暦1845年から1917年にかけて、サトウキビ畑やヤシ畑での労働のためにカリブ海のトリニダード[59]に渡ったインド人労働者たちは、毎年、彼らが『ホセイ hosay』（ホセインとの類似に注目）とよぶアーシューラーの儀礼を挙行する。この者たちは、『タージャ tadjah』（まさに、インドにおける、ひつぎを模した物を意味するタアズィーエという語が変化したもの）という名前の大小の象徴的ひつぎを作り、それらを埋葬あるいは水中に沈めるという独特な儀式を執り行うのである」。※90

[46]：インドのイスラーム教徒人口はイランの2倍、の誤りか。インドの国勢調査（2011年）によれば、全人口12億1千万のうち、1億7200万人がイスラーム教徒（全人口の14.2%）。そのうちシーア派は約2割とされる。それに対し、イランは全人口8327万人（IMF調べ、2019年）で、そのうち9割がシーア派。

[47]：インド亜大陸北西部、インダス水系中流域の地方名。中心地ラーホール（現パキスタン）はムガル朝の首都の一つ。

[48]：ムガル朝期のアワド州のこと。アワドは北インドのウッタル・プラデーシュ州のガンガー川以東の地域名称。18世紀初頭、イランのサファヴィー朝の宰相の娘を母にもつサアーダト・ハーンがムガル朝によってアワド州の太守に登用され、後にムガル朝から独立。

[49]：インド西部、グジャラート州南東部の古都。グジャラートはアラビア海に面し、古くから西アジアとの交易が盛ん。13世紀以降、イスラーム教徒の王朝による支配が続いた。

[50]：ウッタル・プラデーシュ州の都市。1724年、アワド太守のサアーダト・ハーンがムガル帝国から独立した際の、最初の首都（のちに、ラクナウに遷都）。

[51]：インド東部、西ベンガル州の都市。コルカタの北35km、フーグリー川沿いに位置。19世紀に慈善家によって建てられたフーグリー・イマームバーラーがある。

[52]：西ベンガル州の都市、コルカタの北180km。18世紀初頭にムガル帝国にベンガル太守に任じられたムルシド・クリー・ハーンの名にちなむ。この地にあるニザーマト・イマームバーラーはインド最大のイマームバーラー。

[53]：インドの西ベンガル州（インド北東部）とバングラデシュから成る。ガンガー川とブラフマプトラ川のデルタ地帯をさす地方名。13世紀以降、イスラーム教徒の王権が支配した。ムガル朝のベンガル太守で地方政権化したムルシド・クリー・ハーンは、幼少時にエスファハーン商人に育てられ、シーア派に改宗、エスファハーンで暮らした経歴をもつ。ムルシド・クリー・ハーンの孫からベンガル太守位を奪ったアリーヴァルディー・ハーンも、シーア派の学者をベンガルに招聘するなどシーア派を奨励。

[54]：アフガニスタンの中央部の高地ハザーラジャトを故地とし、サファヴィー朝による宗旨替え以来シーア派を奉じてきたハザーラ人は、1880年にイギリスの承認によりアフガニスタン国王の座に就いたスンナ派のパシュトゥーン人アブドゥッラフマーン・ハーンによる徹底した敵対勢力への弾圧により、イラン、インド（特に、現パキスタン西南部のバルーチェスターン）、中央アジア等に多数流出した。

[55]：ウッタル・プラデーシュ州の都市。シーア派を奉じたジャウンプル・スルターン朝の首都。

[56]：18世紀後半に成立したラームプル藩王国の首都。ラームプル太守一族はもともとスンナ派であったが、アワド太守アーサフッダウラに感化され、シーア派に転向。

[57]：Peter J. Chelkowski。ニューヨーク大学教授。『イラン百科事典』の「ナフル」の項目の執筆者。1976年の「シーラーズ芸術祭」でのタアズィーエ国際シンポジウムでは座長を務めた。

[58]：カリブ海地域には約30万人のイスラーム教徒がいるとされる。西欧列強は大航海時代の16世紀、カリブ海におけるそれぞれの植民地に労働者として当時すでにイスラーム化していたアフリカの各地から奴隷を連行した。また、19世紀の奴隷貿易禁止後は、サトウキビ等のプラン

1950年代のトリニダード・トバゴのホセイ

テーションにおける労働力として、インド等の自国の植民地から年季契約労働者を大量に移住させた。19世紀の初めの北アメリカにおける米英戦争で兵力として駆り出されたアフリカ系黒人奴隷のイスラーム教徒も、その一部が戦争終結後にカリブ海地域に移住した。

[59]…トリニダード・トバゴ共和国。旧英国植民地であり、英領インドから送られた労働者の子孫が多く、人口の4割がインド系。イスラーム教徒は総人口の8%を占める。トリニダードの「ホセイ」の歴史は1854年にまでさかのぼる。19世紀末には集団形成を恐れた英国の植民地当局による禁止措置や武力鎮圧も生じたが、現在は国民的文化行事として、インド系シーア派信徒以外の多様な宗教・エスニックグループの人びとにも受容されている。

■補14……イマームバーラーは、アリー、ハサン、ホセインの3人のエマームの死を思い起こして追悼するための参詣所・服喪施設である。モハッラム月の服喪の隊列によって用いられるタアズィーエやザリーフやアラーマトは、イマームバーラーに運ばれ、そこで保管される。タアズィーエとアラーマトの保管には仮設の建物が作られるが、それは「アーシュールハーネ（すなわち、アーシューラー《アーシューラー》の家《ハーネ》、イランのシーア派信徒でいうところのホセイニーエ）」とよばれている。※91

■補15……新郎新婦のために布や装飾品や花で飾りつけをした部屋も、ヘジュレとよばれる。辞書を見ると、ヘジュレの語意として「ケッレ」あるいは「コッレ」という言葉が出てくるが、それは「家屋のような形に縫いあげられ、その内部で人びとが花嫁の身支度を整える」天幕あるいは帳幕の意である。※92また、ケッレの語の意味として、薄く上品な布地で作られた天幕、花嫁のヘジュレ、祝祭やアーシューラーの日などの服喪の際に飾りつけて用いられる木製の小部屋、ともある。※93

モイーン博士編纂の『ペルシア語辞典』では、「ケッレ・バスタン［ケッレを張る／飾る］」すなわち祝祭のときに「ヘジュレ・バスタン［ヘジュレを張る／飾る］」という慣用語に関し、ザヒーリーの『サルジューグナーメ』[60]から次のような一文を引用している：「姉（妹）の輿がタブリーズの街に到着したとき、人びとは街を飾り立て、ケッレを張った/飾った」。ホルモズガーン州などイランの一部の地域では、アーシューラーの日にヘジュレのお練り《ヘジュレギャルダーニー》やヘジュレ踊り《ラグセ・ヘジュレ》の儀礼が行われる。アーシューラーの日、人びとはナフルに似た象徴的ひつぎに黒布を被せ、それを死装束を着せられたヘジュレの元へと運び、2つを対面させる。

[60]:サルジューグ朝末期にザヒーロッディーン・ネイシャーブーリーによって書かれ、トゥグリル三世(在位1176~94年)に献上されたサルジューグ朝歴代君主の年代記。

■補16……「シードゥーネ(シーダーネ)」という語の意味は、正確なことははっきりしていない。ペルシア語の各辞書では、「シードゥーネ」は「食卓、天恵」を意味する、とされている。※94 この言葉は、「シード」は「太陽(ホルシード)、陽光のみなもと」、「シーダーン」と接尾辞「アーネ」から成り立っているとも、「シーダーン」と接尾辞「エ」もしくは「ア」(どちらも類似性を表す接尾辞)の組み合わせだともいえる。おそらく「シーダーネ」は「食卓」「食物の大皿」の意であろう。タースーアーとアーシューラーの日に願解《ほど》きのおふるまいの食べ物や菓子をシーダーネの内部に置くという習慣が、この推測を裏付けている。このことから、「シーダーネ」は古くは「シェイダーナク」という形であったと思われる。シューシュタルやデズフールの方言では、接尾辞「アク」は「ア」もしくは「エ」に変化するのであるが、語の意味は変わらない。

■補17……ミールザー・ラズィー・ダーネシュの詩から。「われらの国　嘆きをもたらすは　サフランなり　/　われらの時代　悩みをもたらすは　サンダル《サンダルウッド》のナフルなり」※95

■補18……かつて人びとは、ナフルとよばれる木の形をした小さな装飾品を家の中に飾っていた。それはたくさんの葉をつけた木で、色とりどりの蝋や紙や布でできていた。この木のお飾りを作る職人は、「ナフルバンド」※96 あるいは「ナフルペイヴァンド」※97 とよばれていた。

■補19……たとえば、誰かを呪うときに「ああもう、お前のナフルなど倒れてしまえ」と言うが、これは、滅びてしまえ、倒れてしまえ、お前のひょろ長い体など崩れてしまえ、という意味である。※98 モフタシャムはヘジュラ太陰暦993年〔西暦1585年〕のシェイフ・アブドルアール・モハッゲグ・キャラキーの死に際して作った詩の中で、ナフルという語を、シェイフの遺体とひつぎの掛詞《かけことば》の形で用いている。

師のナフル(かばね/ひつぎ)　かかげるは　地上の者
しかれども　そを肩に　野辺へと送るは　天の御使い

■補20……ナフルはナツメヤシの木とは似ていない。ナツメヤシの木の形に作られたナフルなど、これまで見たことがない。どうやら、服喪に用いる象徴的ひつぎという意味のナフルと、ナツメヤシの実が成る木という意味のナフルが名前として似通っているため、あるいは、この象徴的ひつぎを作る際にナツメヤシの枝が利用されたり、ナツメヤシの枝による飾りつけが行われたりしたために、『ネザーム辞典』の編者はこのような思い違いをしたのであろう。

■補21……「サアーニーン」および「シャアーニーン」は、「枝々」という意味の複数形の単語である。「シャアーニーン祭」「シャアーニーンの日曜日」は、樹木の祝祭を意味し、ナツメヤシの木もしくはオリーブの祭りであるようだ。この祝祭は節制の40日間の最後の日曜日、復活祭の1週間前に行われる。「オリーブの祭り」[61]との別名もある。

[61]：補21には典拠が示されていないが、著者が本文中で紹介したメッツの著作に基づいた内容。メッツは「[パーム・サンデーは]エジプトではシンプルに『オリーブの祭り』とよばれていた」と記す。

■補22……アリー・シャリーアティー[62]は、サファヴィー朝期以降のシーア派の宗教文化における殉教者の服喪や象徴的ひつぎ巡行、受難劇といった一連の儀礼は、東欧社会からもたらされたものであると確信していた。シャリーアティーは次のように記している。為政者たちは、シーア派を再興し、主《モウラー》アリーの信徒の歓心を買い、人びとにおもねるために、「胸打ちだの、錠前での願掛けだの、ジャリーデのお練りだの、受難劇だの、鎖打ちだの、服喪隊の練り歩きだの、アラムやらコタルやらの旗じるしだの、マフメル輿の練り回しだのといった服喪儀礼を、東ヨーロッパから」もち込み、そうした儀礼を使って「シーア派を復活させたのだ」。これは、シャリーアティーが「サファヴィーのシーア派」[63]と名付け、「アラヴィー《アリーの》のシーア派」とは別物とみなしたシーア派の形である。※99

故シャリーアティーは、殉教者の似姿のお練りという服喪儀礼やそれに類似した慣習を、その時代の政権や社会制度や政治体制によって政治的意図をもって人為的に作られたものだと断定し、このような宗教的事象について政治的な解釈を行っている。いつの時代であれ、時の政権は、とりわけサファヴィー朝・ガージャール朝期において、人びとの信仰心や集団的宗教儀礼を自身や支配体制の利益のため、政治的・経済的・軍事的な目的のために利用し、自らを利するためにこうした信仰や儀礼を市井の人びとに勧奨した。この事実に疑いはない。しかし、このような宗教的な表現行為や風習を為政者の政治的作為とみなし、あるいは外部から、それも東ヨーロッパから取り入れたものだとみなすことは、史実に反した見解であり、非科学的で政治的な解釈・分析であって、人類学・宗教社会学の知見とは相いれない。こうしたイスラーム教徒の服喪儀礼や象徴的ひつぎの練り回しが、外来のものではなく人びとの間から生まれた固有のものであることを示す証拠としては、ヘジュラ太陰暦5世紀初頭〔西暦11世紀〕のバグダードのカルフ地区のシーア派信徒にマンジャニーグ（エマーム・アリーとエマーム・ホセインのひつぎもしくは箱型墓）を奉じてエマームの御廟に参詣する風習があったこと、そして、ブーヤ朝期のイランの人びとの服喪儀礼が挙げられる。

この象徴的ひつぎの練り回しという古くからの伝統は、いまなおイラクの各シーア派聖地における服喪儀礼において守り続けられている。モオタメディーはその著『オラマーの邸宅、学術センター《ホウゼイェ・エルミーエ》及び世界各国におけるシーア派の伝統的服喪儀礼』において、この伝統に言及し、詳細に解説している。モオタメディーの報告によると、聖地ナジャフ[64]では、エマーム・アリー殉教の日であるラマザーン月21日の夜〔前夜〕に大規模な隊列がクーフェ[65]の街を発し、ナジャフへと向かう。隊列は、黒布で覆われ、上に緑色のターバンと剣が置かれたマハッフェ輿（アマーリー輿）を奉じて、哀悼歌を吟じ胸を打ちつつエマーム・アリーの墓廟へと至る。この輿は、信徒の長〔エマーム・アリー〕のひつぎ、あるいはその亡骸を模している。キャルバラーの街においてもラマザーン月21日の夜〔前夜〕に同様の象徴的ひつぎの巡行儀礼が執り行われる。

カーゼマイン〔カーズィマイン〕[66]の街のシーア派信徒も、ハズラテ・ムーサー・エブネ・ジャアファル[67]の殉教日であるラジャブ月25日になると、黒布で覆ったマハッフェ輿（アマーリー輿）に緑色のターバンを乗せ、足かせと鎖を垂らして、カーゼマインの街から1ファルサフ[68]ほどの距離にあるバグダードからエマームの墓廟の内庭まで、哀悼歌を詠じ胸を打ちながら野辺の送りをする（最近はカーゼマインの街の外が葬列の出発地点となっている）。※100

[62]：イラン・イスラーム革命のイデオローグとされる思想家・政治活動家。パフラヴィー朝レザー・シャー期の1933年にホラーサーンの宗教的家庭に生まれ、マシュハド大学でペルシア語文学を専攻、フランス・ソルボンヌ大学に留学して社会学、宗教史、哲学を学び、第三世界論など西洋思想に触れる。シーア派教義の現代的解釈による社会変革の思想を展開したが、革命前夜の1979年に急死。

[63]：シャリーアティーの著作『アリーのシーア派、サファヴィーのシーア派』による。アリーをはじめとするエマームたちの純粋なシーア派が社会正義と人民の救済を希求したのに対し、サファヴィー朝期のシーア派は専制君主とそれに依存するオラマーのもと、体制維持に与した、とする。

[64]：イラク中南部にあるシーア派の聖地。アリー廟を中心に発達した墓廟都市であり、シーア派の学問的拠点の一つでもある。聖廟参詣、留学のためにイスラーム世界各地から信者が訪れる。

[65]：イスラーム初期（7世紀）にアラブ人イスラーム教徒が各地で征服活動を行った際の拠点を軍営都市（ミスル）というが、クーフェは現イラクの地におけるバスラに続く第二のミスル。アリーが4代目カリフであったとき、クーフェを首都に定めた。ムアーウィヤの息子ヤズィードが

カリフ位を世襲すると、クーフェ住民は反乱のためにホセインを招聘するが、ホセインがクーフェに向かう途中のキャルバラーの荒野でウマイヤ朝軍に包囲された際、救援に赴かなかった。以後、ホセイン見殺しを「悔悟する者たち」の反乱など、反ウマイヤ朝勢力の一大拠点となった。
[66]：7代目エマームであるムーサー・カーゼムと9代目エマームのモハンマド・ジャヴァードの廟のある墓廟都市で、シーア派の四大聖地の一つ。現在はバグダードの拡張により、バグダードの一部に取り込まれている。
[67]：7代目エマームであるムーサー・カーゼムのこと。バグダードの牢で毒殺され殉教したとされる。
[68]：距離の単位。1ファルサフは約6.2㎞。

■補23……アブドルホセイン・アーヤティーはその著『ヤズド史』※101において、ミールチャグマーグのナフルは相当の年代物であり、400年前のサファヴィー朝期のものであると指摘している。さらに、イーラジ・アフシャールの『ヤズドの遺産』※102には、このナフルの大きさは幅8.5m、奥行8.5m、高さ8.5mと記されている。また、ナフルの覆いの黒布の来歴についても、ヘジュラ太陰暦1229年ラジャブ月20日〔西暦1882年2月2日。ガージャール朝ナーセロッディーン・シャーの治世〕、アリーアスガル・ゴルジー寄進の品としている。

■補24……ヤズドのシャー広場のナフルは、ヤズド最大のナフルであり、その高さは9m、幅と奥行はそれぞれ12mとの記録がある。※103

■補25……ネイピア・マルコム[69]の旅行記には、イランにおけるモハッラム月の服喪儀礼と胸打ちの隊列に関して述べる中で、ヤズドの巨大ナフル2基の服喪儀礼の際の装飾についての言及があり、以下のように記されている。「これらのナフルはアーシューラーの儀礼のために、片方の面は何振りもの短剣で、もう一方の面はいくつもの鏡で、それぞれ装飾される」。マルコムは、ナフルのお練りとシーア派の殉教者たちの死の関係を説明する中で、こうも述べている。「人びとの信じるところによれば、〔エマーム・ホセインの母〕ハズラテ・ファーテメの霊異なる名代がナフルをその場から動かすのであり、人びとはそれを助けて、ナフルを肩に担ぎ、練り回すのである」。※104 パフラヴィー朝期の初めにヤズドでの服喪儀礼やナフル練り回しを目撃したフレデリック・チャールズ・リチャーズ[70]も、その旅行記※105に同様の信仰について記録している。

[69]：Napier Malcolm（1921年没）。英国聖公会宣教協会（イングランド国教会がアジア・アフリカでの布教のために1799年に設けた宣教会）の宣教師として、ヤズドに5年間（1898~1904年）滞在し、男子の教育に従事した。1905年に『あるペルシアの街での5年間』を上梓。
[70]：Frederick Charles Richards（1932年没）。英国の画家。1931年出版のパフラヴィー朝レザー・シャー期のイランでの9か月間の滞在をまとめた『ペルシア旅行記』は、48枚の挿画入り。

■補26／27……「チェルドフタルーン〔チェヘルドフタラーンの短縮形〕」地区は別名を「グーダルザード」といい、「グーダールー」地区は「サング」ともよばれ、ナーイーンに古くからある7つの街区のうちの2つである。『ナーイーン方言辞典』の序文でソトゥーデが記すところによれば、これらの区のそれぞれに「屋根付きのホセイニーエと屋根なしのホセイニーエが1つずつ」あった。少し前までは、2つの屋根のない方のホセイニーエの中間に「中身が詰まった塔のような八角形の建造物があり、アロウガーフとよばれていた。宗教行事や故人をしのぶ会の夜には、その頂きに灌木で火がともされた」。※106

■補28……ナーイーン方言における「ドゴリー」という語は、アゼルバイジャン・トルコ語の「ドグロー」から来ている「ドゴロー」という慣用表現の異形であり、双子・双生児を意味する。

■補29……アブヤーネは〔エスファハーン州〕ナタンズ県バルズルード村にある、古い歴史をもつ村落である。ナタンズ市の北西40㎞の山岳地帯、キャルキャス山のふもとに位置している。アブヤーネの人びとの文化は独特で、イラン中央部の〔ペルシア語〕方言の一種を話す。こんにちでもなお、古い習俗や伝統的な民俗衣装を守り続けている。

■補30……カーシャーンにいくつかある古いタキーエの一つに、「パーナフル[71]のタキーエ」とのよび名で知られるタキーエがある。バーザールに入ってすぐ、バーバー・シャラフ小路〔偉大なセイエド〔預言者のご末裔〕で、シャー・タフマースブの時代の行政長官《ヴァズィール》[72]であったミールザー・シャラフォッディーン・アリー・ホセイニーの名にちなむ〕に位置するこのタキーエでは、大型のナフル1基とトゥーグ、アラム、アラーマトが保管されていた。※107 モオタメディーの『オラマーの邸宅、学術センター《ホウゼイエ・エルミーエ》および世界各国におけるシーア派の伝統的服喪儀礼』には、カーシャーンで現在ナフルを所有している街区やホセイニーエの名前が掲載されている。※108

[71]：パー（足）・ナフル、つまりナフルのお膝元という意味。
[72]：著者が典拠とするハサン・ナラーギー著『カーシャーン文化史』には、シャー・タフマースブは彼を他のどのセイエドよりも信頼し、何度もヤズドや他の地域の行政長官に任じたが、彼は辞退し、ますます尊敬を集めた、とある。シャー・タフマースブはサファヴィー朝第2代君主、在位1524～76年。

■補31……冬でも温暖な平野部の街であるメイボドは、イラン中央部のキャヴィール塩漠の周縁部、〔ヤズド州第二の都市〕アルダカーン市の南、ヤズド市からは北西50㎞の場所に位置している。

■補32……メイボドではホセイニーエを地元の言葉で「メイダーン」とよびならわす。メイボドの各地区にあるメイダーンは、屋根のない四角形の空間で、ずらりと並ぶ2階建ての桟敷席に囲われている。服喪儀礼を行う際は、2階部分に女性、1階部分に男性が座る。

■補33……アラム・ナマドは長さ2mの柄をもつアラムで、冠頭部に直径50cmの金属の輪があり、黒い幕が張られている。金輪からは、布を筒状にして中に綿を詰めた紐が何本も垂れ下がっていて、その長さはアラムの柄の長さの4分の3ほどもある。柄の最下端は棒状になっており、旗手はアラムを奉じる際、この部分をショールあるいはベルトで腹に固定した木製の筒状旗受けに差し込み、両手で柄をにぎり、ななめに傾けた状態で回旋させる。アラム・ナマドが回旋すると、垂れ紐が遠心力によってまるで傘のように開き、軸を中心に回る。このアラムは、［エマーム・ホセインの殺害を指示した］ヤズィードの一族に嫁いだばかりの女を象徴するものであると考えられている。その女は、キャルバラーで虜囚となった者たちが［ヤズィードの待つ］ダマスカスに到着した際、一行の前に現れて踊ったのであるが、アラムの回る様子はその女の踊りを表すものとされている。また、アラムの垂れ紐も、エマーム・ハサンを毒殺した女[73]の巻き毛と見なされている。

フィールーザーバードの大ホセイニーエにおけるナフルの練り回し。左端にはアラム・ナマドが回る様子も見える

[73]：ハサンは、敵対するカリフ、ムアーウィヤの意を酌んだ自分の妻に毒殺されたとの伝承がある。

■補34……キャラク（火壇）。中が空洞の角柱で、メイダーンの中央に設けられている。高さがおよそ2m、一辺の長さは1mで、下の部分には孔が一つある。かつてはキャラクの上で火が焚かれた。

■補35……この研究報告では、「モウル」は小川のほとりに生える雑草だとしているが、※109 モルは温暖な地域に育つ低木で、「モツヤクジュ」という種類が特に知られている。※110「モウル」と「ゴウル」つまり異教徒は、韻を踏んでいる。

■補36……ナフル巡行儀礼が終わり、ナフルに結んであった紐が解かれると、人びとは神の祝福／御利益があるとしてこの紐をもらい受け、病気の平癒や厄除けを願ってブレスレットにしたり首に巻いたりする。

■補37……「タビーゼ」はイラン建築ではよく知られた用語である、

「タヴィーゼ」の訛ったものである。建築家は、円天井のアーチの交差地点にある湾曲して突出した部分を「タヴィーゼ」とよぶ。アフシャール教授の『ヤズド方言辞典』※111によれば、2つの壁の間のメフラーブのような形[74]の支えの部分をいい、また、ジャーネボルエラーヒーは、「アーチ形の木材で、大型の扉の枠部分やターグナマー[75]を作る際に用いられる三日月型の部分」と説明している。メイボドでは、ナフルの前の面と後ろの面の両脇の縁取り部分に取り付けられた、城の胸壁のような縁《ふち》模様のあるアーチ状あるいは三日月状の長細い板をタビーゼとよんでいる。タビーゼはナフルにしっかりと据え付け、固定される。

[74]：メッカの方向を示すモスクの壁龕。上部が尖頭アーチ状になっているのが特徴。
[75]：エイヴァーン（152ページの訳注186参照）の小さいもの、もしくは壁面に装飾として作られた上部がアーチもしくは尖頭アーチ状になった壁龕部分。

■補38……メイボドの人びとは、自分たちの街で最初に行われたナフル巡行儀礼《マハッレイエ・クーチェク》について、次のような物語を語り伝えている。メイボドの小地区という名の街区にある細い小路の曲がり角に、「ジョルチェスボン」という名の壁がある。その昔、ナフルがこの曲がり角にさしかかったとき、この壁に引っかかり、前にも進めず後ろにも下がれない。これを目にして困り果てた初代ナフル師のバーバー・シャフィー、ナフルにおのれの頭を打ちつけること数知れず。するとバーバーの懇願が通じたものか、壁が轟音とともに動き出し、ナフルに道を譲ったのである。その日以来、この壁は尊崇の対象となり、人びとはつい最近まで、悩みごとの解決のためにこの壁にボロ布《ジョル》や布や紐を貼り付け《ジョル・チェスボン》、助けを請うた。そのため、この壁は地元で「ボロ布を貼り付けるもの」の名で知られるようになったのである。

■補39……メイボドのフィールーザーバード区のナフルの通過ルート上には、「エマーム・レザーの木」と名付けられた柳の巨木がある。〔8代目エマームの〕エマーム・レザーがホラーサーン地方に向けた旅路の途中、この木の下で礼拝をなさったと伝えられ、聖なる木とされている。この木の枝を切ることは罪とされ、枝を切ればその切り口から血がしたたると信じられている。

■補40……メイボドという名で知られている城砦のすぐ向かいには古い建造物の遺構があり、地元民の話ではこれは大きな墓だという。外見的にもまさにその通りであり、この墓の残存部分は、ヤズドやアバルグーにあるヘジュラ暦7～8世紀〔西暦13～14世紀〕の墓の遺跡と瓜二つである。正面入口の高さは8m、内部は漆喰塗りで、かつての装飾や彩色の痕跡もわずかながら残っている。おそらくこの墓は『秘密の開示』というクルアーンの解説書《タフスィール》の著者であるラシードッディーン・メイボディーが葬られた場

所であり、やがてそれがソルターン・ラシードという名に変わったのであろう。※112

■補41……ザヴァーレは〔エスファハーン州の〕アルデスターン市から12kmに位置する街である。キャヴィール塩漠周縁部にあるこの古い街の名前は、所伝によれば、伝説の英雄ロスタムの弟「ザヴァーレ」に由来する。この街はイスラーム期には「マディーナトッサーダート〔預言者の末裔の街〕」の名で知られ、サルジューグ朝時代の建造物がいくつも残っている。イラン太陽暦1375年〔西暦1996～7年〕の人口統計によれば、街の人口は7710人であった。※113

■補42……その昔、人びとは病気を患ったり願い事があったりすると、ホセイニーエを訪れ、聖壇の上に置かれた剥き出しのナフルの脚部にすがりつき、「ヤー、ホセイン」と唱え、悩みごとを訴え、病気平癒や大願成就をこいねがった。また、病気の快癒を願ってナフルの周りの土を口にする者もいた。

■補43……人びとの信じるところでは、ナフルを回す際、もしナフルがある方向に曲がったり傾いたりすると、その年、その方角にある街区の有力者の誰かが亡くなるのだという。

■補44……ショトルダーラーン小路はテヘランの第7区にあった小路で、ナーセロッディーン・シャー期のシェイフ・ハサン・カーシーという殉教語りのシェイフ[76]と関係付けられている。

ショトルダーラーン小路はレイ通りを起点とし、ラフトシューイハーネ小路へと到る小路であった。その名前の由来についてはこのような謂われがある。シェイフ・ハサン・カーシーは美声のもち主で、〔預言者の〕お家の人びと《アフレ・ベイト》を崇仰していた。シェイフが説教壇から哀悼歌をうたうときの十八番《おはこ》は次のような詩句であった。

いざ来たれ　ラクダ追い《ショトルダーラーン》
ゼイナブに　ご用意いたせ　ラクダ輿《マフメル》
寄る辺なし　住まいとてなし　ゼイナブや哀れ

そのためシェイフはラクダ追い《ショトルダーラーン》のシェイフ・ハサンの名で知られていたのであるが、そのシェイフがこの小路に家を買い、居を定めたことで、小路の名前もシェイフのよび名からショトルダーラーン小路となったのだという。※114

[76]：男性の尊称の一種。

■補45……かつては、君主の御前で引かれる替え馬や鞍付き馬をさして、「コタル」といっていた。タースーアーやアーシューラーの日の服喪隊列において、または誰かが亡くなった際の野辺の送りで故人が所有していた馬に鞍を置き、ショールや馬具を身に付け、額に鏡や飾り房や装飾品を付け、鞍上に衣服や武具を一つ二つ乗せて引き回すのであるが、そうした馬もまた、コタルとよばれる。

　イランの一部の地理・文化圏では、円筒状の袋の形をした旗をもつアラムや、アマーリー輿またはマハッフェ輿のことを、コタルとよぶ。たとえばファールス州のサルヴェスターンでは、弓なりにした長い木の枝を台座に取り付けて作られるアマーリー輿を、コタルとよんでいる。サルヴェスターンの人びとは、一方の口が開いた形になるよう黒い布で覆ったコタルを、服喪の隊列で練り回す。※115

■補46……「サキーネ」は宗教用語の一種であるが、哲学用語としてもイスラームの神秘主義文学や偉大なイスラーム哲学者の著作において用いられてきた。クルアーン解釈では「サキーネ」は語根S-K-Nから派生したアラビア語であり、「穏やかさ」「静謐」を意味し、「重厚さ」「威厳」と同義であるとされている。

　学者によってはサキーネの語をアラビア語とみなさず、外来語つまりヘブライ語の「シェキーナ」[77]であるとし、クルアーンや預言者言行録《ハディース》における「サキーネ」の意味とヘブライ語の「シェキーナ」の概念を結び付けて考える者もある。

　モハンマド・エブネ・ジャリール・タバリー[78]はその著『クルアーン解釈に関する全解明』において、エスラーイールの民の櫃《ひつ》もしくは箱の内部にあるサキーネの性質についてさまざまな解釈を紹介しているが、その中にはサキーネを動物に似た風として具象化しているものもある。それは、人間のような顔をもち、頭部と尾はネコのようで、2つの羽ないし翼がある、という。エブネ・アラビーはサキーネがいかなる形状であるかはさほど重要視せず、人びとがそれを見ることで穏やかさを感じるという、サキーネのもつ象徴性・記号性こそが肝要だとしている。

　キャマーロッディーン・アブドッラッザーグ・カーシャーニーは、聖櫃の内部のサキーネについて「安らぎ」とは別の解釈を提示し、櫃の中身、すなわち人面獣身もしくはネコの頭と尾をもつ何かは、部隊に勝利をもたらす護符であると考え、こう記す。このしるしは、イランの王・フェレイドゥーン[79]の時代に用いられ「カーヴィヤーンの旗」[80]とよばれていた王旗と同様の物である——と。※116

　プールジャヴァーディーは、アブドッラッザーグ・カーシーーの著作と彼がシェイフ・シェハーボッディーン・ソフラヴァルディーの思想と作品から受けた影響について概略的に検討し、ソフラヴァルディーの著作にみえる3種の光についてのアブドッラッザーグの説明を紹介しているが、その中で「サキーネ」について言及し、サキーネという用語に関するアブドッラッザーグの解釈を挙げている。さらに、エマーム・アリーとエマーム・レザーがサキーネの意味について仰せになった「サキーネは天からの、人面のような顔をもつ風である」というお言葉を引用している。※117

[77]：shekhina。神の臨在を意味する。
[78]：923年没。アッバース朝期のバグダードで活躍したタバレスターン（カスピ海とアルボルズ山脈に挟まれた地域）出身のイスラーム法学者。多数の著作があるが、特に創世から915年までの歴史を記した『諸使徒と諸王の歴史』、クルアーン解釈書『クルアーン解釈に関する全解明』が有名。
[79]：イラン神話の英雄・王。フェルドウスィーの『王書』での記述では、鍛冶屋のカーヴェとともに暴君ザッハークを打ち倒して王となり、世界を三分して3人の息子に与えた。
[80]：『王書』では、鍛冶屋のカーヴェが暴君ザッハーク打倒に立ち上がった際、鍛冶仕事で着る革の前掛けと木の槍で旗を作り、後に王となったフェレイドゥーンがそのカーヴェの旗に金や錦で装飾を施すと、代々の王がそれに宝石を足していき、戦いに際しては戦陣に携行したとする。「カーヴィヤーンの旗」はサーサーン朝の王旗とされたが、アラブ人との戦いで奪われ、第2代カリフのウマルによって焼かれたとされる。

■補47……エスタフリーは、シューシュの人びとが父祖伝来の慣習にしたがって雨乞いのために街中を練り回したひつぎ《ターブート》／箱がどんな物であったかの説明をしていないため、それが死者のひつぎであるのか、もしくは契約の箱や箱型墓のような物であるかは、判然としない。

本書掲載写真・図（いずれもモノクロ変換、トリミング等の加工あり）

※原著に掲載されているものから

……………047・071・079左・084・111・135・144

※吉枝聡子氏撮影（Satoko YOSHIE, 2021年）

……………009・022-23・034・049・072・073・090・097・103・121・147・151・160上下・179・187上下・188下・189上下・193

※訳者撮影

……………064（画家情報なし）・091 上・119・137

※パブリック・ドメイン（Wikimedia Commons 他）

……………013・018左右・035・040・043・058・069下・089・108・123・159・171・173・185上下・194上下

※ Wikimedia Commons から

CC BY 2.0 <https://creativecommons.org/licenses/by/2.0/>
Blondinrikard Fröberg（2018年）……083

CC BY 2.5 <https://creativecommons.org/licenses/by-sa/2.5/>
撮影者情報なし, Tabuik_festival（2006年）……069上

CC BY-SA 3.0 <https://creativecommons.org/licenses/by/3.0/>
Sailko（2011年）……029
Darafsh Kaviyani（2015年）……127
John Hill（2006年）…… 196

CC BY-SA 4.0 <https://creativecommons.org/licenses/by-sa/4.0>
Reza.zad（2011年）……046
Mardetanha（2018年）……048
Sunahita（2016年）……050
shravan kumar yadav（2016年）……061下
Mostafa Meraji（2005年）……099・（2005年）……190上・（2009年）……190下・（2005年）……188上
R.shahi24（2018年）…… 091下
Alirezaeinafshar（2014年）……125
Javad Esmaeili（2019年）…… 145

※その他

CC BY 2.0 <https://creativecommons.org/licenses/by/2.0/>
撮影者情報なし, Public.Resorce.Org, Flickr（2016年）……061上

CC BY 4.0 <https://creativecommons.org/licenses/by/4.0/>
Ali Golshan（Mehr 通信社のサイト, 2011年）……011
画家情報なし, Z.rashid 撮影（Wikihussain のサイト, 2020年）……033 下
撮影者情報なし, (Karbobala のサイト, 2018年）……134
Mehdi Moradi（Fars 通信社のサイト, 2016年）……163 下
Alireza Ghamzeh（Mehr 通信社のサイト, 2019年）……191上
Mansoure Gelichi（Mehr 通信社のサイト, 2014年）……191下

Grégoire Frumkin, *Archaeology in Soviet Central Asia*, Leiden: E.J.Brill, 1970, Fig.24…… 030
画家情報なし（吉枝聡子氏提供）……033上
撮影者情報なし（デズフールのアッバースィーエのサイト, 2013年）……079右
Nasrollah Shahnazi（同氏の個人サイト, 2013年）……130上下
画家情報なし（イラン現代史研究所サイト, 不明年）……161
撮影者情報なし（イスラーム共和国通信社のサイト, 2013年）……163上
Abbas Boloukifar 画, 撮影者情報なし（イラン学生通信社のサイト, 2007年）……192
撮影者情報なし（Narin 通信社のサイト, 2014年）……202

訳者あとがき

1998年の5月、アーシューラーの日に、ヤズドの街でナフルのお練りをじかに見る機会に恵まれた。その前日、ヤズドからほど近いメイボドの街を訪れ、城砦に登った際、ある家族連れに出会った。「テヘラン近くに住んでるんだけど、明日はアーシューラーだしね、地元に帰ってきてるんだ」とのこと。日本の盆暮れの帰省のような感覚なのだろう。

アーシューラー当日、日干しレンガの白茶けた壁が続く路地で、黒ずくめの男たちの行進が始まった。沿道の見物人に紛れて撮影していると、並走する軽トラックの拡声器から「日本からの客人がおいでだ！きばっていくぞ！」の声。隊列が過ぎると、羊でも屠ったのだろう、血だまりができていて、一丁前に黒服を着た坊主頭の少年がしかめ面で見ている。女たちは全身を覆う黒いチャードルを顎元でぎゅっと押さえ、足早に先を急ぐ。徐々に増す人の波。その流れが何かの建物の入口へと吸い込まれて行く。中に入り暗い急階段を上がりきると、急に目の前がひらけた。屋上に出たようだ。うわあんと響くどよめきの方向、その先に見えた異形の物体、それがナフルであった。

地面をびっしり覆う男たちの黒々とした蠢きが、渦のようにナフルの巨体を回していく。動き続ける暗色の被写体をカメラで追うのは早々に諦め、眼下の広場から沸き上がって来る濃密な空気にしばらく気圧されていた。が、そのうち後ろのほうから聞こえてきたのは、見物の女たちの明るいお喋りの声。やがて儀礼が終わり、夕映えの中、またどこかに移動していく人びとからは、何かうきうきした雰囲気が感じられた——。

20年以上を経た今、ナフルの記憶はもはや断片的でしかない。異様な大きさと、情念の塊のようなごてごて感だけが印象として残っている。そして、それを取り巻く人びとの、同じ信仰を持たない者としては共感しようのない凝集力、と思いきや、たちまちあっけらかんと日常モードに戻る切り替えの早さ。今回、勉強会で自分の担当として私が迷わず本書を選んだのは、「イランの何を知っているか？」シリーズという「イラン／イラン人なるもの」の語りの場で、儀礼の観察者であり当事者でもありうる「イラン人人類学者」が表現するナフルが、私のささやかなナフル体験とどうリンクするのか、興味を抱いたからであった。

　前置きが長くなった。本書は、Bolūkbāshī, Alī, Nakhlgardānī: Namāyesh-e Tamsīlī az Jāvedānegī-ye Hayāt-e Shahīdān, Tehran, Daftar-e Pazhūheshhā-ye Farhangī,1380[2001]の全訳である。初版の第2刷を底本とした。イラン・イスラーム共和国の文化研究所からシリーズ出版されている「(自分は」イランの何を知っているか Az Īrān Che Mīdānam ?」の18作目となる。著者アリー・ボルークバーシー博士は、1935年テヘラン生まれ、1962年にテヘラン大学文学士、続いて、同大学の一般言語学・古代言語の修士号を取得、1970年には渡英し、オクスフォード大学の博士課程在籍中は社会人類学的研究に専念。帰国後は講義、執筆、研究活動に携わり、「イスラーム大百科出版事業団科学高等評議会」議員、第一期「イラン人類学協会」理事等を歴任、齢80歳半ば近くとなった現在もイラン・アカデミーの人類学グループ学術委員会のメンバーを務め、イランの社会人類学分野において多大な功績を残している。「イランの何を知っているか？・」シリーズでは常連執筆者として『ゲシュム島』(no.2)、『ガーリーシューヤーン』(no.5)、『ノウルーズ』(no.7)、『イランの部族社会』(no.31)、『イランの伝統遊戯』(no.73)、『イランのガフヴェハーネとそこに集う人々』(no.116)、『シャベ・ヤルダー』(no.124) 等を担当している。

本書『ナフル巡行』は、シーア派の殉教者の命日に人びとが練り回す象徴的ひつぎについて、イスラーム時代以前の原型を含めた過去の事例を史料に探し、次に、イラン内外の各地で見られる殉教者のひつぎの数々を紹介したのち、特にナフルを取り上げてイラン各地のナフル巡行儀礼の態様を記述し、最後は著者の「人類学的分析」で締めくくる、という構成をとる。本書の大半を占める具体的事例の紹介は、殉教者のひつぎ、特にナフルのヴァリエーションの豊かさ、それを取り巻くさまざまな事物のディテールの面白さなど、大変興味深い内容になっている。ただ、それに続く「分析」は、せっかく得られた具体的事実から導き出された結論というよりは、やや牽強付会の説と言わざるを得ず、いささか蛇足の感が否めない。

牽強付会といえば、特に過去の事例を扱う際の著者の姿勢には違和感を覚えた。例えば、イスラーム期以前のイラン文化にもひつぎ巡行儀礼が存在したとして、神話の英雄スィヤーヴァシュの命日にその似姿を乗せたひつぎを練り回した例を示し、その証左としてフルムキンの『ソ連邦の中央アジアにおける考古学』（ライデン、1970年）に掲載されたパンジキャントの壁画を挙げるが（本書29頁）、フルムキンはこの壁画について「数人の学者が伝説上の人物スィヤーヴァシュと関連づけている」、「死者の遺骸は、自らの肉体に苦痛を与えながら嘆く会葬者たちによって取り囲まれている」と述べており、スィヤーヴァシュの像を輿に乗せて巡行する年中行事を描いたもの、とは言っていない。トク・カラ出土の木箱（納骨器）の絵（本書30頁）に関しても、フルムキンは「葬礼の場面」とのみ記している。また、歴史的背景も地理的位置も全く異なる事物を無批判に結び付けるきらいがあるようだ。例えば、ひつぎ巡行儀礼のサファヴィー朝以前の例として、11世紀のバグダードのカルフ地区のシーア派信徒がアリーやホセインの廟に「マンジャニーグ」なる物を奉じて参詣したとし、そのマンジャニーグはこんにちのイランで見られるナフルに類似していたと推測するが（32〜35頁）、その理由が20世紀初頭にフランス人ダルマーニュがイラン北東部のネイシャーブールのナフルを「一種のマンジャニーグ」と形容しているためというのでは、勇み足の論と言わざるを得ない。さらに、イラクの象徴的ひつぎタアズィーエについて述べるくだりの挿画（58頁）は、実際は、ガージャール朝期のイランを訪れたモーリアの2作目の旅行記に、シャー主催の服喪儀礼に登場する「預言者の墓」として掲載された絵である。この「預言者の墓」については本書でも別途44頁で言及しているにもかかわらず、なぜこの絵をイラクのタアズィーエの絵として使うのか、疑問である。

以上、どうしても気になる点をいくつか指摘したが、イランの一連の「ひつぎ巡行」儀礼の概要を百科事典的に把握できる入門書として、本書を日本で紹介する意義は十分にあると考える。この服喪儀礼は、本書のような概説書には収まりきらない多様な視座からの考察が可能であろう。例えば、近年イランの観光産業でも地方文化を「遅れた」ものとしてではなく「伝統ある固有の文化」として積極的にとらえる「郷土旅行《ブームギャルディー》」という分野の発展がみられるが、観光資源としての再評価がその地のナフル巡行儀礼の社会的機能等に与える変容、あるいは、日本の「山・鉾・屋台行事」（2016年ユネスコ無形文化遺産登録）のような明るい祝祭との比較など、興味は尽きない。本書をきっかけに、この儀礼についてさらに深く掘り下げようという方が一人でもおられれば、訳者として望外の喜びである。

本訳書は、東京外国語大学名誉教授の八尾師誠先生が主催するペルシア語勉強会の場で、小林作成の下訳を叩き台にして議論を重ねた成果であり、PAO出版のご好意により世に問う機会を頂戴したものである。出版には多くの方のお力添えを賜った。大学院時代の恩師である八尾師誠先生には、一字一句おろそかにしない姿勢を叩きこんでいただいた。先生の蔵書の山に囲まれて丹念に文章を読む時間は、社会人になっても勉強を続けられる幸せを感じるかけがえのないひとときである。そうした場を設けてくださる先生と、勉強会の皆様に厚く御礼申し上げる。上岡弘二東京外国語大学名誉教授と吉枝聡子東京外国語大学総合国際学研究院准教授には98年のナフル撮影にご一緒させていただいた。お二人の撮影技術は言わずもがな、現地の人びととのカメラを介しての関係構築の妙を垣間見た、得難い経験であった。今回上岡先生からは原稿へのコメントを賜り、吉枝先生にはこれまで大変なご苦労を重ねて撮影された写真を多数ご提供いただいた。ここに深謝の意を表したい。株式会社包の安仲卓二代表には再三にわたって温かい励ましの言葉を頂戴した。編集の嶋岡尚子氏とデザイナーの萩原誠氏には本作りの奥深さ、とりわけデザインの威力を教えていただいた。感謝の念に堪えない。そして最後に、夫と猫へ。応援ありがとう。

2021年1月　訳者　小林　歩

کتابنامه

参考文献

۱. نرشخی، ابوبکر محمّد. *تاریخ بخارا*. ترجمهٔ ابونصر احمد بن محمد قباوی، تلخیص محمّد بن زفر بن عمر، به کوشش مدرس رضوی. (تهران: توس، ۱۳۶۳)، ص ۲۳ و ۳۳.
۲. کاشغری، محمود بن الحسین بن محمد. *دیوان لغات‌الترک*. (استامبول، ۱۳۳۵ ق)، ۳/ ۱۱۰-۱۱۱.
۳. مأخذ: ش ۱، ص ۲۳ و ۳۳.
۴. فرامکین، گرگوار. *باستانشناسی در آسیای مرکزی*. ترجمهٔ صادق ملک شهمیرزادی. (تهران: وزارت امور خارجه، ۱۳۷۲)، ص ۱۲۲-۱۲۴.
۵. همان، ص ۱۶۲-۱۶۵، ۲۳۷؛ نیز نک:

Yarshater, Ehsan. 'Ta'ziyeh and Pre-Islamic Rites in Iran" in *Ta'ziyeh: Ritual and Drama in Iran*. ed. by Peter J. Chelkowski (NewYork, 1979), P. 91-92.

۶. ابن جوزی. *المنتظم فی تاریخ‌الملوک و الامم*. (حیدرآباد، ۱۳۵۹ ق) ۸/۷۸-۷۹.
۷. دالمانی، هانری رنه. *سفرنامه از خراسان تا بختیاری*. ترجمهٔ فره‌وشی (مترجم همایون). (تهران: ابن‌سینا، امیرکبیر، ۱۳۳۵)، ص ۶۶۹.
۸. همان، ص ۶۷۰.
۹. دلاواله، پیترو. *سفرنامه*. ترجمهٔ شجاع‌الدین شفا. (تهران: بنگاه ترجمه و نشر کتاب، ۱۳۴۸)، ص ۸۶.
۱۰. همان، ص ۱۲۵.
۱۱. اولئاریوس، آدام. *سفرنامهٔ آدام الئاریوس: بخش ایران*. ترجمهٔ احمد بهپور. (تهران: ابتکار، ۱۳۶۳)، ص ۷۴-۷۵.
۱۲. تاورنیه، ژان باتیست. *سفرنامه*. ترجمهٔ ابوتراب نوری. به کوشش حمید شیرانی. (تهران: سنایی، ۱۳۶۳)، ص ۴۱۳-۴۱۶.
۱۳. فرانکلین، ویلیام. *مشاهدات سفر از بنگال به ایران (۱۷۸۶-۱۷۸۷ م)*. ترجمهٔ محسن جاویدان. (تهران: بنیاد فرهنگ و هنر ایران، ۱۳۵۸)، ص ۷۳.

14. Morier, James. *A Journey Through Persia, Armenia, and Asia Minor.* (London: Longman, 1812), P. 194.

15. idem. *A Second Journey Through Persia, Armenia, and Asia Minor.* (London: Longman, 1818), P. 180.

۱۶. بروگش، هاینریش. *سفری به دربار سلطان صاحبقران: ۱۸۵۹-۱۸۶۱*. ترجمهٔ کردبچه. (تهران: اطلاعات، ۱۳۶۷)، ۱/ ۲۵۵.

17. Jaffri, Husain Ali. "Moharram Ceremonies in India" in *Ta'zieh: Ritual and Drama in Iran*. ed. by Peter J. Chelkowski (NewYork: 1979), P. 233.

18. *Shorter Encyclopaedia of Islam,* ed. by H. Gibb & J. Kramers (NewYork: Cornell University Press, 1953), P. 590.

19. Tritton, A.S. *Islam: Belief and Practices* (London, 1966), P. 75.

نیزنک: حکمت، علی‌اصغر. *سرزمین هند*. (تهران: دانشگاه تهران، ۱۳۳۷)، ص ۲۵۲-۲۵۳.

۲۰. مأخذ: ش ۱۷، ص ۲۲۳.

۲۱. مأخذ: ش 19 , Tritton، ص .75؛ نیزنک: مأخذ: ش ۱۹، حکمت، ص ۲۵۳.

۲۲. مأخذ: ش ۱۷، Jaffri، ص ۲۲۳ و مأخذ: ش ۱۹، حکمت، ص ۲۵۲-۲۵۳.

۲۳. عزیزاحمد، *تاریخ تفکر اسلامی در هند*. ترجمهٔ نقی لطفی با همکاری محمد جعفر یاحقی (تهران، کیهان، ۱۳۶۷)، ص ۳۲.

۲۴. شوشتری، میرعبداللطیف. *تحفةالعالم و ذیل التحفه*. به کوشش صمد موحد. (تهران: طهوری، ۱۳۶۳)، ص ۴۳۴-۴۳۵.

۲۵. مأخذ: ش ۲۳، همان‌جا.

۲۶. شهرستانی، [بی‌نام]. *عزای حسین از زمان آدم(ع) تا زمان ما*. (بی‌جا: حسینیهٔ عمادزاده، ۱۳۹۳ ق) ص ۳۶۲-۳۶۷.

27. *First Encyclopaedia of Islam: 1913-1936.* ed. by M.Th. Houtsma [et al.] (Leiden: Brill, 1987), P. 711.

۲۸. پاینده لنگرودی، محمود. *آئین‌ها و باورداشت‌های گیل و دیلم*. (تهران: سروش، ۱۳۷۴)، ص ۱۸۳.

۲۹. فقیهی، علی‌اصغر. *تاریخ جامع قم: تاریخ مذهبی*. (قم: اسماعیلیان، ۱۳۵۰)، ص ۲۷۹-۲۸۰.

۳۰. همایونی، صادق. *فرهنگ مردم سروستان*. (تهران: دفتر مرکزی فرهنگ مردم، ۱۳۴۹)، ص ۳۹۸.

۳۱. مأخذ: ش ۱۷، ص 224و 227.

۳۲. نیرومند، محمدباقر. *واژه‌نامه‌ای از گویش شوشتری*. (تهران: فرهنگستان زبان ایران، ۱۳۵۵)، ص ۲۹۴.

۳۳. یادداشت نویسنده، خوزستان، ۱۳۶۶.

۳۴. مأخذ: ش ۲۹، ص ۲۹۱.

۳۵. ابوالفضلی، محمد. «مراسم و نشانه‌های عزاداری ماه محرم درکاشان». *مجموعه مقالات اولین گردهمایی مردم‌شناسی سازمان میراث فرهنگی کشور*. (تهران: سازمان میراث فرهنگی کشور، ۱۳۷۱)، ص ۱۵۳-۱۵۴.

برای متن کامل قصیده نک: *دیوان کامل اشعار ناصرالدین شاه قاجار*، به کوشش علی راه‌جیری. (تهران؛ بنگاه مطبوعاتی قائم‌مقام، ۱۳۳۹)، ص ۶۱-۶۲.

۳۶. همان، ص ۱۵۶-۱۵۷.

۳۷. متز، آدم. *تمدن اسلامی در قرن چهارم هجری*. ترجمهٔ علی‌رضا ذکاوتی قراگزلو. (تهران: امیرکبیر، ۱۳۶۲)، ۱۵۸/۲-۱۵۹.

۳۸. انصاری دمشقی، شمس‌الدین محمد بن ابی‌طالب. *نخبة الدهر فی عجایب البر و البحر*. ترجمهٔ حمید طبیبیان. (تهران: فرهنگستان ادب و هنر ایران، ۱۳۵۷)، ص ۴۷۵.

۳۹. هیس، هوفمن رینولدز. *تاریخ مردم‌شناسی*. ترجمهٔ ابوالقاسم طاهری. (تهران: ابن‌سینا، ۱۳۴۵)، ص ۹۵.

۴۰. آیتی، عبدالحسین. *تاریخ یزد*. (یزد: مؤلف، ۱۳۱۷)، ص ۲۴۴.

۴۱. همان، ص ۲۴۸.

۴۲. گدار، آندره. *آثار ایران*. ترجمهٔ ابوالحسن سروقد مقدم. (مشهد: بنیاد پژوهشهای اسلامی، ۱۳۷۵)، ۳۱۳/۴.

۴۳. همان، ۳۱۳/۴-۳۱۴.

۴۴. مأخذ: ش ۴۰، ص ۲۴۴-۲۴۸.

۴۵. بلاغی. *تاریخ نائین*. (تهران، چاپخانهٔ مظاهری، ۱۳۶۹ ق)، ۲۱۶/۱.

۴۶. همان، ۲۱۷/۱.

۴۷. از یادداشت‌های نویسنده در دی‌ماه سال ۱۳۴۲ در ابیانه و بهره‌گیری از مطالب مکتوب آقای زین‌العابدین خوانساری ابیانه‌ای.

۴۸. معتمدی، حسین. *عزاداری سنتی شیعیان در بیوت علما و حوزه‌های علمیه و کشورهای جهان* (قم: عصر ظهور، ۱۳۷۸)، ۶۲۷/۱-۶۲۸.

۴۹. برای اطلاع از نام آبادیها، نک: همان، ۶۲۹/۱.

۵۰. جانب‌اللهی، محمدسعید. «نخل‌بندی و نخل‌گردانی در میبد». *کتاب کادوس*. (تهران: معلم، ۱۳۷۳)، ص ۱۹۴-۲۰۰.

۵۱. گلی‌زواره، غلامرضا. «نخل ماتم؛ سمبلی در عزاداری حسین: تحقیقی پیرامون فلسفه وجودی نخل ماتم». *اطلاعات* (پنج‌شنبه ۷ شهریور ۱۳۷۰)، ص ۷.

۵۲. احمد پناهی‌سمنانی، محمد. *آداب و رسوم مردم سمنان: مثلها، افسانه‌ها، لطیفه‌ها، باورهای عامه، حِرَف و فنون سنتی*. (تهران: پژوهشگاه علوم انسانی و مطالعات فرهنگی، ۱۳۷۴)، ص ۲۷۳-۲۷۴، ۲۷۷، ۲۹۲؛ نیزنک: حقیقت، عبدالرفیع. *تاریخ سمنان*. (سمنان: فرمانداری کل سمنان، ۱۳۵۲)، ص ۷۲۲-۷۲۴.

۵۳. شهری، جعفر. *طهران قدیم*. (تهران: معین، ۱۳۷۱)، ۴۳۰/۲.

۵۴. *روزنامه اتفاقیه* (پنج‌شنبه ۱۷ محرم‌الحرام ۱۲۷۳ ق، شمارهٔ ۲۹۴).

۵۵. لاسمی، داود. «فلسفه عاشورا و مراسم نخل‌گردانی در منطقهٔ گیلان». *اطلاعات* (چهارشنبه ۲۷ خرداد ۱۳۷۷)، ص ۷.

56. Eliade, Mircea, *The Myth of the Eternal Return: Cosmos and History,* trans. by Willard Trask (NewYork, 1974), P. 142.

۵۷. کربن، هنری. *ارض ملکوت: کالبد انسان در روز رستاخیز، از ایران مزدایی تا ایران شیعی*. ترجمهٔ ضیاءالدین دهشیری. (تهران: مرکز ایرانی مطالعهٔ فرهنگها، ۱۳۵۸)، ص ۱۱۴.

58. Eliade, Mircea, *Patterns in Comparative Religion,* trans. by R. Sheed. (London, 1971), P. 392-393.

۵۹. سورآبادی، ابوبکر عتیق نیشابوری. *قصص قرآن مجید*. به کوشش یحیی مهدوی. (تهران: خوارزمی، ۱۳۶۵)، ص ۱۹.

60. Davis, D. John, *A Dictionary of The Bible* (London, 1898), P. 49-50.

۶۱. مأخذ: ش ۵۹، همان‌جا.

۶۲. ناصر بن خسرو قبادیانی مروزی. *سفرنامهٔ ناصرخسرو*. به کوشش نادر وزین‌پور. (تهران: جیبی، ۱۳۵۴)، ص ۳۵-۳۴.

63. Pourjavady, Nasrollah, *The Light of Sakina in Suhrawardi's Philosophy of Illumination.* (NewYork, 1999), P. 12.

۶۴. همان، ص 13.

۶۵. قرآن مجید. ترجمه عبدالمحمّد آیتی. (تهران: سروش، ۱۳۶۷)، سورهٔ توبه، آیهٔ ۴۰.

۶۶. مأخذ: ش ۶۳، ص 16؛ نیز نک: پورجوادی، نصرالله، «عبدالرزاق کاشی و شیخ اشراق» در *مهدوی‌نامه: جشن‌نامهٔ دکتر یحیی مهدوی*. (تهران: هرمس، ۱۳۷۸)، ص ۳۴۲.

۶۷. شهرستانی، ابوالفتح محمد بن عبدالکریم. *توضیح‌الملل*، ترجمهٔ کتاب *الملل و النحل*. ترجمهٔ مصطفی خالقداد هاشمی. به کوشش محمدرضا جلالی نائینی. (تهران: اقبال، ۱۳۶۲)، ۱۹۵/۱.

۶۸. اصطخری، ابواسحق ابراهیم. *مسالک و ممالک*. به کوشش ایرج افشار. (تهران: بی‌تا، ۱۳۶۸)، ص ۹۱.

۶۹. عناصری، جابر. «آیین طلب باران و حرمت آن در ایران». *فرهنگ ایران باستان*. س ۷، ش ۱ (فروردین ۱۳۴۸)، ص ۵۱.

۷۰. میهن‌دوست، محسن. «ترانهٔ باران در تون». *نامهٔ کانون نویسندگان*. ش ۶ (۱۳۶۰)، ص ۱۵۶.

۷۱. بلوکباشی، علی. *قالی‌شویان: نمایشی نمادین از مناسک شهیدشویی*. (تهران: دفتر پژوهشهای فرهنگی، ۱۳۷۸)، ص ۷۲-۶۹.

۷۲. لوبون، گوستاو. *روان‌شناسی توده‌ها*. ترجمهٔ کیومرث خواجویها. (تهران: روشنگران، ۱۳۶۹)، ص ۸۸.

۷۳. برای مطالب «پیش سخن» و «سخن پایانی» نک: بلوکباشی، علی. «تابوت‌گردانی: نمایشی تمثیلی از قدرت قدسی خداوندی». *نشر دانش*. س ۱۶، ش ۴ (زمستان ۱۳۷۸)، ص ۳۸-۳۲.

۷۴. ابن بلخی. *فارسنامه*. به کوشش جلال‌الدین طهرانی. (تهران: بی‌نا، ۱۳۱۳)، ص ۳۳؛ نیز نک: مأخذ: ش ۵، Yarshater، ص ۹۰ و ۹۲؛ نیز نک: بلوکباشی، علی. «حدیث شهادت در حاشیهٔ کویر ایران». در *نامهٔ اقبال*. به کوشش سیدعلی آل‌داود. (تهران: هیرمند، ۱۳۷۷)، ص ۲۴۵-۲۴۴.

۷۵. مأخذ: ش ۴، ص ۱۲۲.
۷۶. فقیهی، علی‌اصغر. *وهابیان*. (تهران: صبا، ۱۳۶۶)، ص ۳۸۴ـ۳۸۵؛ نیز نک: مأخذ: ش ۲۹، ص ۱۹۱ـ۱۹۲.
۷۷. همان، ص ۳۸۵ـ۳۸۶.
۷۸. ابن‌بطوطه. *سفرنامه*. ترجمهٔ محمدعلی موحد. (تهران: بنگاه ترجمه و نشر کتاب، ۱۳۵۹)، ۴۰/۱؛ نیز نک: همو، رحلة ابن بطوطه، (بیروت، دارصادر، ۱۳۸۴ ق)، ۴۶ـ۴۷.
۷۹. روملو، حسن‌بیگ. *احسن التواریخ*. به کوشش عبدالحسین نوایی. (تهران: بنگاه ترجمه و نشر کتاب، ۱۳۴۹)، ۵۱۷/۱۱ـ۵۱۸، ۵۲۱.
۸۰. فراهانی، میرزاحسین. *سفرنامهٔ میرزاحسین فراهانی*. به کوشش حافظ فرمانفرمائیان. (تهران: دانشگاه تهران، ۱۳۴۲) ص ۲۵۲.
۸۱. همان، ص ۲۸۰.
۸۲. مأخذ: ش ۷۶، ص ۳۸۵.
۸۳. مأخذ: ش ۱۳، ص ۵۷.
۸۴. برای آگاهی بیشتر دربارهٔ این محله‌ها و نام آنها، نک: افسر، کرامت‌الله. *تاریخ بافت قدیمی شیراز*. (تهران: انجمن آثار و مفاخر فرهنگی، قطره، ۱۳۷۴)، ص ۱۹۸ـ۲۱۱.
۸۵. گلریز، محمدعلی. *مینودریا باب‌الجنة قزوین*. (قزوین: طه، ۱۳۶۸)، ۴۱۸/۱.
۸۶. مأخذ: ش ۲۹، ص ۲۷۷ـ۲۷۸.
۸۷. مأخذ: ش ۴۸، ۵۷۶/۱ـ۵۸۰.
۸۸. برای شرح مفصل طوق بندان، نک: شریعت‌زاده، علی‌اصغر. «احیای هستهٔ فرهنگی بافت قدیم شاهرود». *مجموعه مقالات مردم‌شناسی ایران: دفتر اول*. (تهران: پازینه، ۱۳۷۹)، ص ۲۶۵ـ۳۰۸.
۸۹. مأخذ: ش ۳۵، ص ۱۵۸ـ۱۶۰؛ نیز نک: مأخذ: ش ۴۸، ۵۵۸/۱ـ۵۵۹.
۹۰. مأخذ: ش ۱۹، حکمت، ص ۲۴۶ـ۲۴۷؛ نیز: چلکوفسکی، پیتر. «آثار سنّت‌های ایرانی در مراسم ماه محرّم در کارائیب». *مجلّهٔ ایران‌شناسی*. س ۵، ش ۱ (بهار ۱۳۷۲)، ص ۵۴ـ۷۱.

91. Platts, John T. *A Dictionary of Urdū, Classical Hindī, and English* (Oxford: Oxford University Press, 1974), under "Imām-bārā".

۹۲. خلف‌تبریزی، محمدحسین. *برهان قاطع*. به کوشش محمد معین. (تهران: امیرکبیر، ۱۳۷۶)، ذیل «کله».
۹۳. معین، محمد. *فرهنگ فارسی*. (تهران: امیرکبیر، ۱۳۷۱)، ذیل «کِلّه».
۹۴. مأخذ: ش ۹۲، ذیل «شیدان».
۹۵. داعی‌الاسلام، محمدعلی. *فرهنگ نظام*. (تهران: دانش، ۱۳۶۴)، ذیل «نخل».
۹۶. جواهری، محمدخلیل. *فرهنگ جهانگیری*. به کوشش رحیم عفیفی. (مشهد: دانشگاه مشهد، ۱۳۵۹)، ذیل «نخل‌بند».
۹۷. مأخذ: ش ۹۵، همان‌جا.

۹۸. **دهخدا، علی‌اکبر. *لغت‌نامه*. (تهران: دانشگاه تهران. مؤسسهٔ لغت‌نامه، ۱۳۲۵)، ذیل «نخل».**
۹۹. شریعتی، علی. *تاریخ ادیان*. (تهران: طاهری، بی‌تا)، ص ۳۲۳.
۱۰۰. مأخذ: ش ۴۸، ۶۰۹/۱، ۶۱۱-۶۱۲.
۱۰۱. مأخذ: ش ۴۰، ص ۲۴۵.
۱۰۲. افشار، ایرج. *یادگارهای یزد*. (تهران: انجمن آثار و مفاخر فرهنگی؛ یزد: خانه کتاب یزد، ۱۳۷۴)، ۷۰۹/۲.
۱۰۳. همان، ۷۰۴/۲.

104. Malcolm, Napier. *Five Years in a Persian Town* (London, 1908), P.134-135.

۱۰۵. ریچاردز، فردریک چارلز. *سفرنامهٔ فرد ریچاردز*. ترجمهٔ مهین‌دخت صبا. (تهران: بنگاه ترجمه و نشر کتاب، ۱۳۴۳)، ص ۱۷۶.
۱۰۶. ستوده، منوچهر، *فرهنگ نائینی*. (تهران: مؤسسهٔ مطالعات و تحقیقات فرهنگی، ۱۳۶۵)، ص ۹.
۱۰۷. نراقی، حسن. *تاریخ اجتماعی کاشان*. (تهران: مؤسسهٔ مطالعات و تحقیقات اجتماعی، ۱۳۴۵)، ص ۱۰۷.
۱۰۸. مأخذ: ش ۴۸، ۶۳۴/۱-۶۳۵.
۱۰۹. مأخذ: ش ۵۰، ص ۱۹۷ حاشیهٔ گزارش.
۱۱۰. مأخذ: ش ۹۳، ذیل «مر».
۱۱۱. افشار، ایرج (گردآورنده). *واژه‌نامهٔ یزدی*. به کوشش محمدرضا محمدی. (تهران: گردآورنده، ۱۳۶۲)، ذیل «تویزه».
۱۱۲. مأخذ: ش ۱۰۲، ۸۱/۱.
۱۱۳. *دایرةالمعارف تشیع*. (تهران: نشر شهید سعید محبی، ۱۳۷۵)، ذیل «زواره».
۱۱۴. حسینی‌بلاغی، عبدالحجة. *تاریخ تهران*: قسمت شرقی. (قم: چاپخانه حکمت، بی‌تا)، ص ۲۴-۲۷.
۱۱۵. مأخذ: ش ۳۰، همان‌جا.
۱۱۶. مأخذ: ش ۶۳، ص 2-3 و 17 و یادداشت شمارهٔ 8 ص 19.
۱۱۷. برای آگاهی بیشتر نک: مأخذ: ش ۶۶ پورجوادی ، ص ۳۲۹-۳۴۳.

索引

■サ行■

「あいねイラン」刊行によせて

天平8年（736年）に李密翳《りみつえい》という波斯（ペルシア）人が、遣唐使中臣名代に連れられて聖武天皇に謁見したと、続日本紀に記されている。新興アラブ・イスラーム勢に敗れた波斯サーサーン朝の王＝ヤズデギルド（ヤズドゲルド）3世は内陸のメルヴ（マルヴ）まで逃れて651年に没す。サーサーン朝帝国の終焉である。残された息子のペーローズ（636年生）は唐に庇護を求め、長安の都にサーサーン朝亡命宮廷を形成する（670年代）。7〜8世紀の長安の都は西方交易の文物のみならず、サーサーン朝波斯の担い手そのものが闊歩していた。聖武天皇に謁見したと続紀に見えた李密翳は、長安の亡命サーサーン朝クラスターから送り出された、波斯文明存続を照らす鏡であったのだろう。過去の日本人はその反射光から多大な影響を受けている。

唐（中国）や波斯（イラン）や天竺（インド）やそれらに連なる一帯蒼氓を、平明に写し出していた遥か飛鳥と平城という世界の鏡は、いまや何処に往ったのか。もはや日本人はイランの光が明るいのかさえも知らない。そして中国を経てイランにかけての一帯の提起が、日本にどれだけの意義があるのかさえも興味がない。このシリーズ「あいねイラン」のひらがなはペルシア語の鏡を表記したという。原題は「イランの何を知っているか?」である。シリーズの多元な展開は「イランの鏡像」を多角的に写し描いている。これらの反射と集合の深みがイラン人の知性的な自画像なのだろう。

日本からの平明清真な眼差しが「中国を伴いイランに至る一帯」を理解して、自らが「格子紋様の織物」となって綴れる時、「脱亜入欧」ではない新しい日本が可能となる。

2020年11月　株式会社包代表取締役　安仲卓二

PAO CORPORATION
出版物

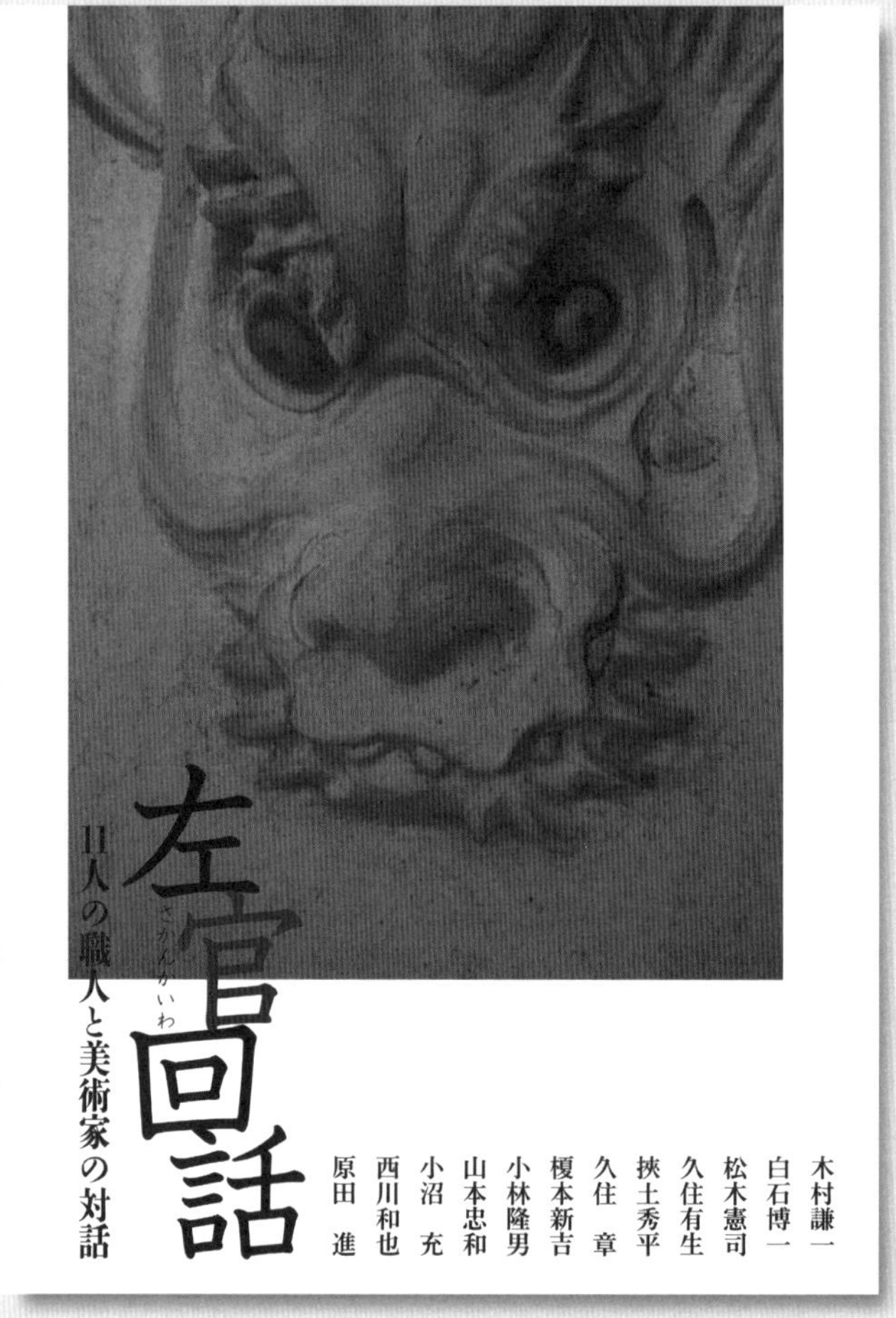

『左官回話』 11人の職人と美術家の対話

左官回話編集会議 編
2012年4月8日 初版発行
ISBN 978-4-906869-00-8 3400円+税

2020年 左官:「日本の伝統建築工匠の技術」のひとつとして、ユネスコ無形文化遺産に登録

『雅楽の奈良を歩く』

PAO ＋ あかい奈良 発行　　南都楽所楽頭 笠置侃一 監修
2014年8月1日　初版発行
ISBN 978-4-906869-01-5　2500円＋税

2009年 雅楽:「日本の伝統芸能」として、ユネスコ無形文化遺産に登録

あいねイラン……①

『ガーリーシューヤーン』

マシュハデ・アルダハールにおける
象徴的絨毯洗いの祭礼

アリー・ボルークバーシー 著　本多由美子 訳
2020年11月26日 初版発行
ISBN 978-4-906869-02-2　2500円+税
2012年 ユネスコ無形文化遺産に登録

[あいねイランシリーズ]　これから出る予定の本

③『ノウルーズ(仮)』

イランの新年祭

アリー・ボルークバーシー 著　斉藤美海 訳

④『ガフヴェハーネとそこに集う人々(仮)』

イランのコーヒーハウス

アリー・ボルークバーシー 著　水谷陣也 訳

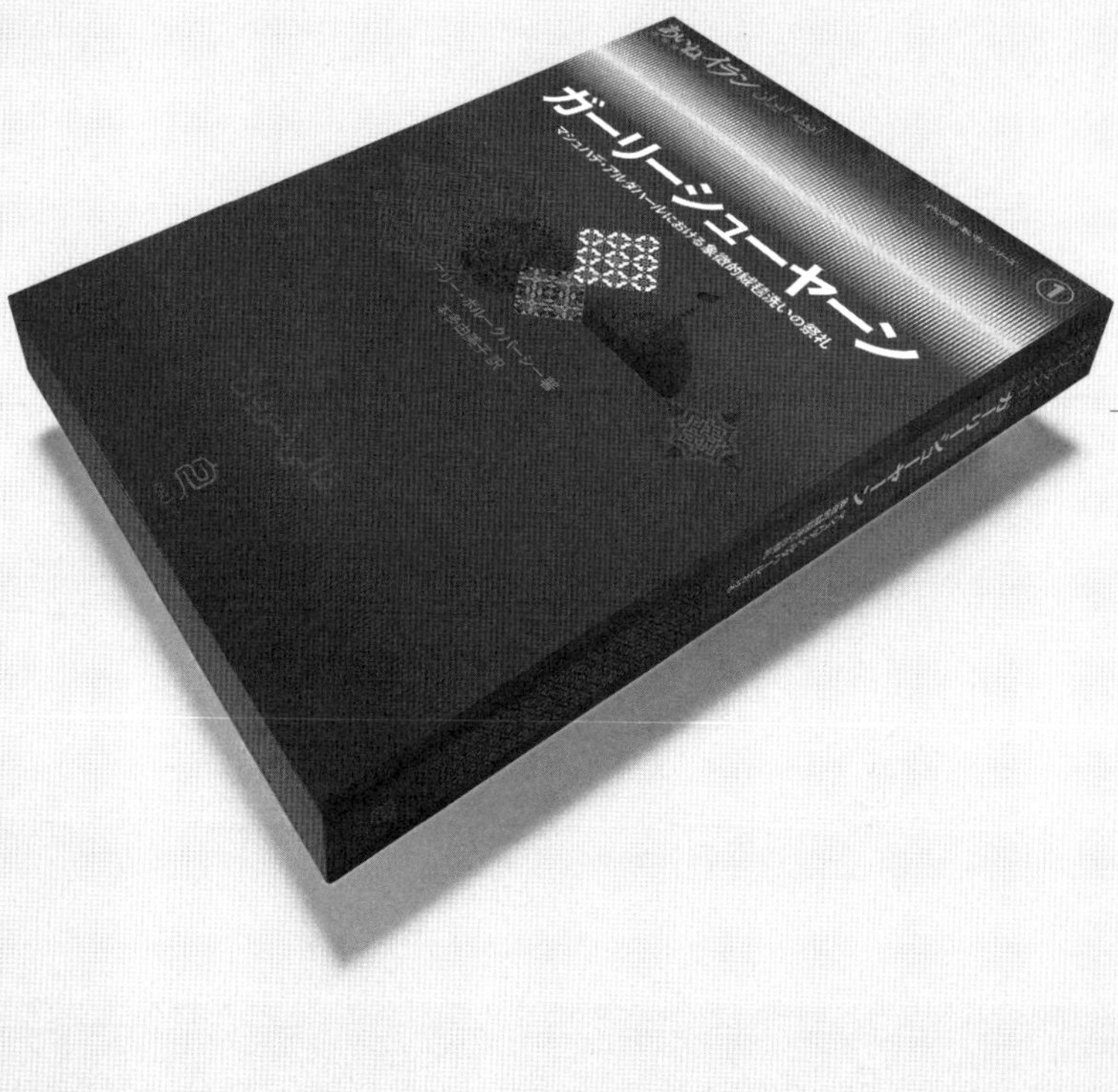
ガーリーシューヤーン
マシュハデ・アルダハールにおける象徴的絨毯洗いの祭礼
1

著　者

علی بلوکباشی　Ali Bulookbāshi　アリー・ボルークバーシー

1936年テヘラン生まれ。オクスフォード大学で博士号を取得（社会人類学）。現在、イラン・アカデミー人類学グループ学術委員会メンバー。イランの「科学的人類学の父」とよばれる。「イランの何を知っているか？」＝「あいねイラン」シリーズでは、『ガーリーシューヤーン』『ノウルーズ』『ナフル巡行』『イランのガフヴェハーネとそこに集う人々』などを執筆。

訳　者

小林 歩　こばやし・あゆみ

東京都生まれ。ペルシア語通訳。

あいねイラン②

『ナフル巡行』

殉教者の不滅のいのちの表象［ナフルギャルダーニー］

発行日……………２０２１年３月20日　初版第１刷発行

発行者……………安仲卓二

発行所……………株式会社 包

〒１６４−０００３　東京都中野区東中野２−２５−６

電話　０３−３３６１−２２１８

URL http://www.paoco.jp

装幀・構成………萩原 誠

編　集……………包 編集室

編集協力…………八尾師勉強会

印刷製本…………株式会社 光邦

ISBN　978-4-906869-04-6